AVENTURES D'UN GENTILHOMME.

LE MANOIR DE ROSVEN.

A LA MÊME LIBRAIRIE.

OUVRAGES DU MÊME AUTEUR:

Aventures d'un Gentilhomme. **La Route de l'Exil**, 1 vol. in-18..	2 f. »
Les Quarts de nuit, contes et causeries d'un vieux navigateur; quatrième édition, 1 vol. in-18	2 »
Les Nouveaux Quarts de nuit, récits maritimes; troisième édition, 1 vol. in 18	2 »
Troisièmes Quarts de nuit, contes d'un marin; 1 vol. in-18..	2 »
Le Mouton enragé, 1 vol. in-18.	2 »
Esquisses Maritimes { **La Frégate l'Introuvable;** troisième édition, un vol. in-18.	1 »
Les Cousines de l'Introuvable; 1 vol. in-18.	1 »
Paris pour les Marins; 1 vol. in-18 .	1 »

SOUS PRESSE :

L'Homme de Feu, 1 vol. in-18.
Quatrièmes Quarts de nuit, tablettes navales
Études Marines. — **Jean Bart et Charles Keyser**.
Les deux routes de la vie.

EN PREPARATION·

Cinquièmes Quarts de nuit.
Derniers Quarts de nuit.
Les Quarts de jour.
Pigeon vole, aventures en l'air.

AVENTURES D'UN GENTILHOMME.

LE
MANOIR DE ROSVEN

PAR

G. DE LA LANDELLE.

PARIS
P. BRUNET, LIBRAIRE-ÉDITEUR,
RUE BONAPARTE, 31.
1867.

Droits de propriété et de traduction réservés.

LE MANOIR DE ROSVEN.

I.

LES CONJURÉS.

Le silence et l'obscurité règnent autour du château de la Fosse-Hingant. Pas une lumière aux fenêtres de l'habitation qui disparait derrière de sombres massifs; pas un bruit dans les campagnes, si ce n'est, à rares intervalles, le cri plaintif de la chouette. Rien qui révèle la présence de l'homme; on se croirait au milieu d'un désert.

Ce désert cependant est peuplé par une foule de serviteurs de Dieu et du Roi. La Fosse-Hingant sert de retraite à La Rouarie. Le rendez-vous des conjurés est à la Fosse-Hingant.

A toutes les issues du corps de logis, sur les routes environnantes, dans les champs, dans les sentiers, veillent des gens dévoués, armés comme pour soutenir un assaut.

Des partisans couverts de manteaux noirs, ou mieux cachés encore sous le costume de simples paysans, se glissent à travers les bois; les sentinelles les arrêtent, échangent avec eux quelques mots convenus, leur permettent de passer et se replongent dans l'ombre.

On a entendu le lugubre gémissement de la fresaie.

Les gardiens de la porte basse introduisent un gentilhomme auprès du chef de la confédération Bretonne et Poitevine.

L'homme dont le nom inspirait tant d'effroi aux révolutionnaires qu'ils voulurent mettre une armée entière à sa poursuite, Armand Tuffin, marquis de La Rouaric, en proie à une agitation extrême, se tenait dans une salle faiblement éclairée, dont les vitraux et les volets étaient fermés avec soin. Il s'agissait d'une délibération définitive. Tous les chefs des comités royalistes avaient été convoqués; peu d'entre eux manquaient à l'appel.

Le vicomte de Kerbozec, Hilaire et Ermel de La Faugerais s'étaient modestement retirés dans la partie la plus reculée du salon; mais Kerfuntun, qui revenait de l'armée des princes, en passant par Jersey, se trouvait, au contraire, en première ligne.

Une seule femme, d'une beauté radieuse, est dans l'assemblée. Thérèse Le Moëllien, noble cœur, âme pure, a depuis longtemps conquis le droit de siéger parmi les membres supérieurs de l'Association.

La séance est ouverte. La Rouaric prend la parole. La retraite du roi de Prusse, l'impossibilité d'effectuer le débarquement des émigrés à Jersey sur lesquels on avait compté, la mollesse des paysans qui, malgré quelques soulèvements partiels et prématurés, ne sont pas encore préparés à s'insurger en masse. et surtout les appréhensions de divers conjurés qui reculent à l'instant décisif, — tels sont les premiers points sur lesquels insiste l'orateur.

A travers son discours percent des regrets amers; —mais il a dû céder à l'opinion de la majorité des comités royalistes; il ne peut plus diriger le mouvement en Bretagne, puisque de toutes parts on l'engage à se retirer près des princes.

Les conjurés qui lui ont donné le conseil de temporiser abondent dans son sens.

Kerfuntun, interrogé sur sa mission, confirme par ses réponses les avis des plus tièdes.

Il y a loin de cette séance à celle où, quelques mois auparavant, les gentilshommes bretons, transportés d'enthousiasme, avaient solennellement juré : *Fidélité au Roi, haine aux démagogues, soumission aux princes, dévouement à l'Association.*

On reconnaît qu'il faut différer l'exécution; l'on convient que La Rouarie doit s'expatrier en attendant qu'on le rappelle.

Tout à coup Thérèse Le Moëllien se lève.

— Non! non, s'écrie-t-elle, La Rouarie ne quittera pas le sol breton! Non, Messieurs, cette grande confédération formée par ses soins, et qui embrasse déjà tout l'ouest de la France, ne se dissoudra pas comme un glaçon fondu par le soleil. Quoi! le premier revers vous abat! Ne voyez-vous donc pas que la Convention a la guerre civile dans son sein, que les révolutionnaires commencent à se déchirer entre eux, et que les patriotes de l'Ouest sont eux-mêmes en insurrection contre le gouvernement de la République. Non, Messieurs, vous ne vous laisserez pas déconcerter par la retraite des puissances coalisées, quand vous pouvez vous fier à une population chrétienne et française, justement irritée des crimes, des sacriléges et des cruautés judiciaires de nos ennemis.

Aux armes! Messieurs, aux armes!

Abandonner la partie maintenant, — c'est la perdre!

Nous ne manquons ni d'argent, ni de munitions; les côtes, dégarnies, sont presque en notre pouvoir, les communications avec l'Angleterre sont faciles. Plus tard, en sera-t-il de même?

Que les rapports de M. de Kerfuntun vous touchent moins que la facilité de son retour de Jersey en Bretagne avec trois de nos compagnons. C'est à regret, j'en suis bien sûre, Messieurs, c'est à contre-cœur que le marquis de La Rouarie, pourvu de pleins pouvoirs des princes, a dit tout à l'heure qu'il consentait à s'expatrier. N'est-ce pas, Armand?.... Vos lèvres ont parlé contrairement à vos vœux secrets!... Répondez-moi!

Inspirée par son ardent royalisme, la jeune et belle conjurée interrogeait ainsi son ami et son parent, qui sentait déjà le feu sacré se rallumer dans ses veines.

— Nous sommes dénoncés, s'écria-t-elle ensuite. Pouvait-il en être autrement? Il fallait bien faire connaître nos projets aux gens du pays; il fallait bien répandre des proclamations. Les patriotes en ont saisi quelques-unes, nous y comptions!.... Ils tremblent: le seul nom de La Rouarie les remplit d'effroi!... En avant! Messieurs! en avant tête baissée!

Dieu et le Roi! Peut-on avoir une devise plus belle!

Le peuple chrétien de cette contrée, le peuple des hameaux et des campagnes, que l'on opprime parce qu'on ne parvient pas à le pervertir, va se lever à votre voix. Opposons l'insurrection des justes à la révolte des impies! Que chacun de nous, au lieu de déserter notre cause sacrée, se mette à la tête de tous les hommes de bonne volonté qu'il trouvera !...

Aux armes ! aux armes !... N'est-ce pas, monsieur de Siltz?... N'est-il pas vrai, monsieur de Limoëlan?, et vous, mon jeune Aimé (1), et vous, Tinténiac, qui avez à soutenir un nom deux fois illustre parmi les Trente de Mi-Voie! N'aimez-vous donc pas mieux périr les armes à la main que sur les planches de l'échafaud ? Ah ! monsieur de Kerfuntun, était-ce pour nous rapporter de semblables conseils que vous alliez jusqu'à Coblentz !....

— Mademoiselle, dit vivement Kerfuntun, si le débarquement de Jersey n'avait pas été contremandé, je n'aurais pas hésité un seul instant. Voici deux braves gentilshommes que je ramenais avec moi; ils ne sont pas les seuls que j'aie déterminés à me suivre ; voici l'époux de ma fille aînée, il est engagé dans notre entreprise. Ne suis-je donc pas décidé à sacrifier ma vie et celle des miens?

— Aux armes donc ! aux armes ! interrompit la jeune héroïne, dont l'enthousiasme se communiquait à tous les conjurés.

La Rouarie, la tête haute maintenant, souriait avec majesté; mais quand elle eut achevé de faire appel à tous les chefs qu'elle désignait par leurs noms, qu'elle prenait par la main, qu'elle inspirait du feu de ses regards,—le vieux colonel s'approcha d'elle et lui déposa un chaste baiser sur le front :

— Gloire à vous, ma fille, dit-il alors, et vive le Roi !
— Vive le Roi ! répondirent les conspirateurs.

La Rouarie reprit alors la parole ; il fut éloquent ; car,

---

(1) Aimé Du Bois-Guy.

sans trop espérer, après tant d'efforts infructueux, — du moins il continuait à combattre. Son âme ardente, éprise du danger, frémissait d'une fière énergie. Avec une rare exaltation, il offrit aux confédérés un tableau bien différent de celui qu'il avait fait au début de la séance... Il parla de ses mendiants, qui parcouraient la Bretagne et le Poitou en prêchant la contre-révolution, il dit un mot de son armée de faux-sauniers et de gabeleurs manceaux; il peignit en couleurs brillantes la situation des esprits dans le Morbihan.

Le chevalier de Siltz, interrogé à propos, répond de soulever tout l'arrondissement qui relève de son autorité.

L'espoir renaît dans les esprits. Le grand organisateur indique aussitôt la marche à suivre : déjà les points de jonction sont déterminés, les gentilshommes viendront avec leurs serviteurs, s'ils ne peuvent faire mieux ; La Rouarie prendra le commandement en chef, et l'on entrera en campagne.

Mais un des conjurés, prenant la parole, fait remarquer que le Roi est en prison, que se soulever en son nom, c'est le compromettre et causer peut-être sa mort.

Thérèse Le Moëllien eut beau répliquer hautement que les succès des confédérés ne pouvaient qu'améliorer la position de l'infortuné Louis XVI, on ne parvint plus à s'entendre. Il fut convenu seulement que La Rouarie réunirait de nouveau les conjurés quand on croirait le moment plus favorable.

— C'est notre ruine ! s'écria Thérèse en se jetant aux pieds de La Rouarie.

Elle n'avait dit que trop vrai !

A peine la séance fut-elle levée que l'on rappela au château toutes les sentinelles avancées; Alain était du nombre;

il se mit en route avec ses maîtres. Kerfuntun, qui avait dans le pays des lieux d'asile préparés d'avance pour pouvoir aller de Jersey à Nantes et de Nantes à Saint-Pol de Léon sans entrer dans une auberge, sans même traverser inutilement une seule bourgade, Kerfuntun servit de guide.

On voyageait de nuit, parlant breton et conduisant, suivant l'occasion, des bestiaux ou des charrettes, ce qui achevait de tromper les agents de l'autorité républicaine. Ces derniers, du reste, n'étaient guère à craindre qu'aux environs des villes.

Huit jours après le départ de Morvan-Béquille, qui avait repris le cours de ses pérégrinations, un grand bruit se fit entendre aux alentours de Rosven.

Une foule de paysans, abandonnant les travaux, accouraient au-devant des gentilshommes et les escortaient jusqu'au manoir.

Aux cris de la multitude, les domestiques effrayés préviennent les maîtres; Armand et les jeunes dames redoutent déjà une nouvelle visite des patriotes; Francésa se met sous la sauvegarde des serviteurs pour fuir, car on craint sans cesse que la ruse des Gavésio n'ait été découverte, et qu'on ne vienne arrêter la seconde *fille Kerfuntun*; mais ces vaines terreurs s'évanouissent, la rumeur approche : on n'entend que des cris de joie.

— Mes fils! mon frère... ils sont de retour! s'écrie Armand d'une voix qui retentit jusque dans la chambre des vieillards.

Mélite seule était encore auprès du bonhomme et de la bonne femme.

— Va! va! mon enfant! Qu'on nous les amène sans tarder, dit Jean-François que trahissent ses forces.

La jeune fille sortit en courant;—elle fut bientôt dans les bras d'Ermel.

Francésa, tremblante de bonheur, après avoir reçu son père, n'osait avancer vers le chevalier ; mais Kerfuntun et Mélite étaient tous deux sur le perron.

— Eh bien, Ermel ? dit le gentilhomme en souriant.

— Eh bien, Francésa ? disait Mélite.

Le chevalier de La Faugerais, ainsi encouragé par les confidents de ses chastes amours, embrassa aussi la fille adoptive de la famille, celle que, dans ses pensées d'exilé, il confondait avec Louise et Mélite, mais pour laquelle il conservait au fond du cœur des sentiments encore plus tendres que ceux d'un frère.

A mesure que les enfants du patriarche de Rosven montaient l'escalier, la vieille châtelaine mourante semblait reprendre un peu de vie.

— Bénis soient mes fils que Dieu m'a rendus ! s'écria le vieillard, en pressant successivement sur sa poitrine Michel, Ermel et Hilaire.

Tandis que le patriarche breton remerciait le Ciel, comme autrefois Jacob retrouvant Joseph sur la terre d'Egypte, Michel et ses neveux entouraient le lit de la bisaïeule, dont les lèvres tremblaient de joie.

Elle ne pouvait articuler un seul mot, mais ses yeux ternes s'illuminèrent pour un instant lorsque son fils et ses petits fils lui baisèrent tour à tour le front et les mains.

A la métairie, Alain était accueilli de même, on le fêtait comme un héros, on le louait de son dévouement, de sa constance; on l'interrogeait sur ses campagnes, on admirait ses balafres, on enviait sa gloire, on l'accablait de questions sans lui laisser le temps de répondre.

Alors même qu'à Rosven on recevait avec tant d'allégresse les exilés et les proscrits, — alors même, les districts révolutionnaires des villes étaient informés de tout ce que Danton savait de la grande conspiration Bretonne.

Danton, instruit par un traître, ordonna de traquer le marquis dans les bois; des troupes furent envoyées en Bretagne. On craignait tellement l'insurrection générale de la province, que l'on dirigea sur Rennes, sur Vannes et sur Nantes des cohortes aguerries, qui furent remplacées aux frontières par des bataillons de formation nouvelle.

Hilaire et Kerfuntun étaient déjà suspects.

A Vannes, le manoir fut hautement signalé par les Démosthènes de carrefour comme un repaire d'aristocrates, d'ennemis de la nation, d'accapareurs, d'agents de Pitt et Cobourg, et de traîtres à la patrie.

Morvan-Béquille partit de Vannes en toute hâte, pour porter l'alarme à Rosven.

— Après une orageuse séance populaire, dit-il, plusieurs sans-culottes avaient émis la motion de brûler le manoir. Pour comble de malheur, ajoutait le mendiant, un régiment de soldats habitués à la guerre arrivait en garnison à Vannes. Il était à craindre qu'on n'en formât des colonnes qui soutiendraient les patriotes.

— Enfants, interrompit le vieux Pierre Gavésio, comme Alain a fait pour M. Ermel, de même nous ferons pour nos maîtres!... Plutôt que de les laisser emmener encore une fois, faut se faire hacher jusqu'au dernier!...

— Voilà qui va bien! dit le mendiant; veillez ici, vous autres; moi je continue mon chemin.

— Voilà qui va bien! dirent en même temps tous les Gavésio, Bastin, Poulglaz, Pontaven et Jean du Gavre, qui se trouvaient à la métairie en ce moment.

II.

HAUTS FAITS DU CITOYEN FAMINE.

Peu de jours après la seconde visite de Morvan-Béquille au manoir de Rosven, une troupe de sans-culottes, sortie en désordre des murs de Vannes, partit avec l'intention de mettre à feu et à sang l'hospitalière demeure de Jean-François de La Faugerais. Mais à mesure que les citadins s'avançaient dans la campagne, leur zèle patriotique se refroidissait visiblement.

Entre deux dangers le citoyen Famine avait voulu choisir le moindre, et, de son plein gré, s'était placé à la tête de l'expédition, afin que personne ne pût l'accuser d'un coupable modérantisme. Il ne se rappelait pas sans crainte comment Francésa de Kerfuntun avait été délivrée de prison sur un simple ordre émané de lui ; on pouvait, s'il disait un mot en faveur des La Faugerais, examiner sa conduite et retrouver les traces de l'illégalité. Ainsi, obéissant lui-même à un sentiment de terreur, le terroriste se mit en route.

D'un autre côté, depuis que Famine était devenu un des membres influents de la commune, son commerce de tanneur-corroyeur avait pris un développement considérable. Il fournissait des cuirs à la garnison et à la marine dans tout le département du Morbihan, il faisait confectionner des selles et des brides, des bottes fortes, des souliers, de la basane, etc. Il occupait un grand nombre d'ouvriers, et avait soumissionné une foule de marchés avantageux même en dehors de son industrie particulière; en un mot, il s'était enrichi. Partant, la même haine qui l'animait naguère contre les nobles et les riches, animait déjà contre lui bon nombre d'envieux. Aussi payait-il fort cher, et en excellent numéraire, le silence de quelques patriotes qui jadis l'avaient surpris au cabaret avec des gens de la campagne suspects de royalisme.

L'affaire de Francésa, qu'il haïssait de toute la peur qu'elle lui causait, l'empêchait souvent de dormir. Plus souvent encore, elle le faisait rêver de guillotine, ce qui est fort désagréable.

On voit pourquoi, malgré ses titres et qualités d'administrateur et de juge révolutionnaire, le maître tanneur-corroyeur s'était armé d'une pique, *l'arme de l'homme libre*, et d'une paire de pistolets, au risque de passer pour esclave.

Dans les faubourgs, on but de l'eau-de-vie, on chanta un peu la *Marseillaise*, on hurla la *Carmagnole*, et on se vanta d'avoir eu des parents au 10 août. Les sans-culottes bas-bretons avaient tous des cousins à cette fameuse journée révolutionnaire.

A une heure de la ville, on fit encore halte dans des cabarets familiers, ce qui donna de la force et de l'ardeur pour la seconde lieue. Mais alors on se trouva au milieu de ce pays sauvage de landes, bois et fossés en talus, dont la nature et les usages des laboureurs ont fait un interminable camp retranché.

On avait beau crier : — *Allons, enfants de la patrie!* Les enfants de la patrie n'allaient plus.

De temps en temps passaient, hors de portée de fusil, des paysans aux longs cheveux, qui, voyant les bonnets rouges, s'enfuyaient du côté opposé.

Le citoyen Famine n'avait avec lui pour toute force militairement constituée qu'un petit peloton de gendarmerie à cheval.

— Citoyen brigadier, dit-il, s'il te plaît, viens conférer avec moi.

— A vos ordres! mon citoyen.

— Sommes-nous encore bien loin de Rosven? Voici la question.

— Ça dépend de ce que la République française et la nation entendent par là.

— Mais!... reprit le citoyen Famine en voyant combien le brigadier était circonspect,—*loin* c'est l'opposé de *près*, tout comme ci-devant.

— J'en suis bien aise, mon citoyen, pour ma commodité particulière. Seulement, on parle tant des nouvelles mesures que nous fabriquent pour le moment les citoyens représentants de la Convention nationale... On dit qu'il y aura peine de mort contre tous ceux qui se serviront des vieux mots aristocrates... alors, naturellement je pensais..

— Tu pensais bien, brigadier; je suis content de ton civisme! Cependant, nous avons conservé jusqu'à nouvel ordre ces façons de dire : *près* et *loin*, comme sous le tyran. On ne peut pas tout faire à la fois.

— C'est juste et fameusement dit, mon citoyen.

— Eh bien! Rosven?

— Voici! je dirai que Rosven est *près* d'une manière, et *loin* d'une autre.

— Diantre! fit le citoyen Famine étonné d'une réponse si profonde.

Un groupe de sans-culottes fatigués et surtout peu rassurés de voir les paysans courir sur la lisière des bois, se rapprocha des deux interlocuteurs dont le colloque, à en juger par l'échantillon, menaçait de se prolonger.

Un des plus hardis ne craignit pas de déclarer qu'on avait encore cinq ou six lieues à faire.

— Par des chemins perdus! dit un autre en déguisant sa voix.

— A travers les plus dangereuses communes! murmura un troisième.

— Je ne savais pas que ce fût si loin!.... — J'ai des affaires pressantes pour demain matin.... — Que les gendarmes de la nation arrêtent les aristocrates, c'est leur service!...

Ces paroles plus ou moins compromettantes furent confusément prononcées.

Si l'on avait été au pied de l'arbre de la liberté *intrà-muros*, le citoyen Famine aurait tonné contre la tiédeur de ses compatriotes; mais en rase campagne, loin de tout cabaret, sur une grande route de mauvaise mine, il se renferma dans sa dignité.

— A Kermarek! cria une voix.

Kermarek était une gentilhommière de peu de valeur, habitée par une vieille dame noble, dont les fils passaient pour émigrés, quoiqu'elle eût fait constater le contraire par des certificats en bonne forme.

Au lieu de tourner à gauche dans un sentier encaissé entre de hauts fossés, ce qui devenait nécessaire pour se rendre à Rosven,—il ne fallait, pour aller à Kermarek, que suivre la route pendant un petit quart de lieue.

— A Kermarek! répéta la troupe.

Dix minutes après, la bande de pillards s'abattait sur la demeure de la pauvre veuve ; on fit main-basse sur tout ce qu'elle possédait; la gentilhommière fut ensuite brûlée aux cris de : *Vive la République!* et le citoyen Famine donna l'ordre aux gendarmes de se saisir de la personne de la vieille châtelaine, qui le soir même était écrouée dans la prison de Vannes.

Cet exploit satisfit sans doute les ardents républicains, lesquels rentrèrent tous chez eux plus ou moins ivres, — le citoyen Famine le plus ivre de tous, au point qu'on fut obligé de le porter du dernier cabaret à son domicile.

Le lendemain, dans une harangue des plus violentes, le vaillant chef de l'expédition accusa l'infortunée prisonnière de tous les maux de la patrie, mais il ne prononça plus le nom de Rosven, et ses compagnons n'en ayant pas dit davantage, le manoir fut oublié encore cette fois.

III.

LES GAVÉSIO.

Jean du Gavre, qui fréquentait la ville, apprit aux autres fermiers comment les choses s'étaient passées.

Mais antérieurement l'on était venu jusqu'à Rosven, on pouvait donc y revenir. Il n'était pas probable que les patriotes se laissassent toujours décourager; le district disposait d'ailleurs d'une gendarmerie qui ne reculait pas, et d'une force armée considérable; enfin, à Ploërmel, qui était moins éloigné que Vannes, il y avait eu aussi des réunions de sans-culottes où l'on avait proféré des menaces contre le manoir; d'un jour à l'autre on devait craindre que l'antique demeure de La Faugerais ne fût traitée comme venait de l'être la petite maison Kermarek;—cependant on ne parla de rien au bonhomme Jean-François.

Armand, son frère le vicomte, ses fils Hilaire, et le chevalier Ermel, ainsi que Kerfuntun se concertèrent.

Les jeunes femmes étaient auprès des vieillards; mais les gentilshommes réunis discutaient sur les événements du jour, lorsque Pierre Gavésio, suivi de ses fils, fit demander par Alain la permission d'entrer dans la grand'salle.

Ce n'était point l'usage du vieux fermier de procéder

ainsi; d'habitude la porte lui était ouverte à toute heure; — sa démarche avait donc quelque chose de solennel qui fit impression sur les châtelains.

— Qu'ils entrent! et qu'ils soient les bienvenus! dit Armand d'un ton grave.

Pierre Gavésio paraissait profondément triste ; — ses quatre fils Yvon, Salaün, Alain le voltigeur, et Malo, ainsi que Bastin, son gendre qui, après le refus de maître Piment *du Diadème*, avait épousé Toinette, et enfin Jean du Gavre, se rangèrent derrière lui en face des maîtres.

Le vieux fermier dit alors d'une voix émue :

— Il y a eu un temps où les maîtres étaient tranquilles; alors les fermiers étaient contents. Mais à cette heure on brûle les manoirs, on saccage les églises, on guillotine les gentilshommes... Voilà, Messieurs, ce que nous nous disions les uns aux autres, dimanche a fait huit jours, quand Morvan-Béquille, venant de Vannes, a passé chez nous. Et comme ceux-ci étaient à la métairie avec Pontaven, Poulglaz et cinq à six autres, je disais, moi : — « Faut tous se faire hâcher jusqu'au dernier, plutôt que de laisser les gens de Vannes emmener M. Armand, ou ces dames, ou ces messieurs.. » Et tous de la ferme ont répondu : — « Voilà qui va bien! » Morvan-Béquille n'a jamais parlé si clair que ce jour-là : — « Prenez vos fusils, dit-il, mettez-y des pierres neuves, et chargez-les avec des balles plutôt qu'avec du petit plomb! puis vous irez à St-Ermel le jour de l'assemblée, pour que tous les braves gens du pays fassent de même. » Moi j'ai dit : « Morvan a raison! » Pour lors, Alain est venu près de M. Ermel, et moi, j'ai pris conseil de M. Michel, et Yvon de M. Hilaire : et un de ces soirs, comme nous étions rentrés du travail, M. de Kerfuntun a ouvert la porte et s'est assis sur le banc du foyer. Vous tous, Messieurs, vous avez dit la même chose que Morvan-Béquille, la même chose que moi, Pierre Gavésio. Ça fait donc qu'allant à St-Ermel, nous parlions; mais les paysans répondaient : — « C'est le malheur des temps! » Ils avaient bien des mots pour dire de plus que les riches et les nobles sont menés comme des loups, que c'est dommage!... Et pourtant, hormis quelques gars des plus proches endroits de par ici, personne ne voulait entendre parler de prendre son fusil et de marcher contre les bonnets rouges. Hier donc, c'était la St-André, jour d'assemblée à St-Ermel, comme vous savez; Jean du Gavre revenait de Vannes. Il nous raconte qu'on avait brûlé Kermarek et que les sans-culottes étaient en route pour Rosven, — mais par bonheur le bon Dieu les a fait rentrer à Vannes, soûls de vin et de méchanceté!..... Je me tournai vers mes enfants : « C'est le cas, mes fils, d'aller encore une fois au bourg et de faire comme disait M. de Kerfuntun! » Et tous mes enfants sont allés; et les voici de retour encore une fois.

A mesure que le vieux paysan parlait, son langage devenait plus énergique et plus harmonieux. Souvent, il faut le déclarer, il avait recours à des expressions et à des tours de phrase purement bretons. Il acheva d'une manière poétique, comme un barde qui improviserait; des larmes roulaient dans ses yeux et sa voix vibrait de douleur, quand il s'écria en dialecte vannetais :

— « Mais, Messieurs, les méchants ont encore plus de courage que les bons!

» On dirait que l'esprit maudit a ôté le cœur aux vrais Bretons de la contrée;

» Aux vrais Bretons de la contrée, hormis à mes fils et à moi, qui sommes ici ensemble;

» Qui sommes ici ensemble pour vous obéir jusqu'à la mort;

» Pour vous obéir jusqu'à la mort, et pour vous servir après, car au paradis de Dieu, nous prierons le Seigneur du ciel;

» Nous prierons le Seigneur du ciel pour les seigneurs de Rosven! »

Après ce récitatif inspiré au vieux fermier par l'exaltation croissante de ses pensées, un silence de quelques secondes régna dans la grand'salle.

Seulement le capitaine de vaisseau, frère de lait du père Gavésio, s'avança vers lui et lui serra la main droite. Le paysan porta la main gauche sur ses yeux et les cacha. Puis d'une voix étouffée :

— Sur ma foi de chrétien, et sur le salut de mon âme, dit-il, j'ai fait tout ce que j'ai pu.

— Bien! Pierre, bien, mon ami, reprit le marin, console-toi! Quand un honnête homme a rempli ses devoirs, il ne doit point désespérer ainsi.

— Je ne me désespère pas, monsieur Michel, mais je pleure... Un chrétien, comme dit M. le recteur, ne doit jamais se désespérer, vu que c'est douter de la bonté de Dieu.

Alain avait contracté des habitudes militaires qu'il conservait sous son habit de paysan; vers la fin du discours de son père, il prit la pose roide d'un soldat sous les armes, et porta la main droite à la hauteur de l'œil en regardant Ermel.

Quant aux autres paysans, les uns s'étaient croisé les bras sur la poitrine, les autres s'appuyaient sur leurs gros bâtons, les épaules voûtées, la tête haute.

Armand répondit alors au vieux Gavésio ; il le remercia du zèle et du dévouement de tous les siens, se fit nommer le petit nombre de gens, métayers, redevanciers ou valets de ferme sur lesquels on pouvait encore compter, et s'informa du nombre de fusils disponibles.

— Autant nous sommes, autant nous aurons de fusils, répondit l'un des métayers, car les gens qui en ont nous les ont déjà promis.

Les partisans préparés à la résistance, montaient, tout compris, à une vingtaine.

— Mais enfin, s'écria Kerfuntun, quand vous leur avez parlé de la religion!

— Ils ont répondu, dit Jean du Gavre, que le curé jureur était retiré, que le recteur de St-Ermel était dans sa cure, et qu'on ne les empêchait plus d'aller à la messe.

— Ne savent-ils donc pas ce qui se passe à Vannes, à Auray, à Ploërmel et dans toute la France ?

— Morvan-Béquille et les Gavésio, Bastin et bien d'autres, venus pour le marché aux bestiaux, le leur ont assez dit, sans me compter.

— Eh bien?

— Ils pensent qu'on ne touchera point à l'église de St-Ermel!

M. de Kerfuntun fit un geste d'impatience.

— Et quand vous leur avez parlé de nous, qui sommes prêts à nous mettre à leur tête!

— Pierre Gavésio vous a déjà répondu, dit Jean du Gavre qui devait à ses fréquentes communications avec les villes une plus grande facilité d'élocution.

— On nous abandonne donc s'écria M. de Kerfuntun; ne leur avez-vous pas dit que les sans-culottes ont enfermé le Roi en prison et veulent le mettre à mort.

Après un moment d'hésitation, Jean du Gavre répliqua:

— Ce n'est pas moi qui pense comme eux, monsieur de

Kerfuntun, Dieu m'en garde! mais enfin voici ce qu'ils disent à ça. Ils disent que les nobles parlent à cette heure au nom du Roi, et qu'il n'y a pas cinq ans ils se révoltaient contre lui... Les patriotes n'ont pas manqué de leur faire cette leçon, voyez-vous... Quand on sème du mauvais grain, on a beau sarcler après, il pousse toujours de la mauvaise herbe.

— Les infâmes! s'écria le conspirateur; ils nous accusent de travailler dans des vues personnelles, et les paysans se laissent aveugler...

— Justement! interrompit Jean du Gavre; pourtant, il faut dire qu'hormis dans les endroits qui touchent aux villes, c'est encore pour les gentilshommes que nous sommes tous. Voyez-vous, Monsieur, tant qu'on ne mettra pas la main sur les paysans, ils ne se lèveront pas!

Les conversations particulières succédèrent bientôt à la conférence générale; il fallait bien se rendre aux tristes nouvelles données par Gavésio et confirmées par Jean du Gavre. Malgré quelques attroupements que dissipa la gendarmerie, malgré quelques engagements partiels, causés surtout par la violation des églises ou par l'introduction des prêtres assermentés, les Bretons étaient fort éloignés de vouloir la guerre civile.

On parla de Rosven et de sa défense; une voix s'éleva pour conseiller aux maîtres d'abandonner le manoir et de se retirer dans la gentilhommière de Kerbozec, située à deux lieues de Rosven, dans un pays impraticable. Mais l'état de la bonne femme dont l'agonie se prolongeait, mais la vieillesse du bonhomme, que tuerait inévitablement un changement quelconque dans ses habitudes, firent repousser la proposition à l'unanimité.

Cependant le maître et seigneur de Rosven s'étonnait de

l'absence prolongée de tous ses fils. Deux fois il prêta l'oreille comme s'il croyait entendre une rumeur étrange dans la salle basse, — deux fois, d'un ton inquiet, il demanda où étaient Armand et Michel, Hilaire et le chevalier.

— Ils sont dans le salon, dit Mélite.

— Et vos enfants, Louise?

— Ils sont à l'étude, gardés par leur bonne.

— Je ne sais ce qui se passe, murmura le vieillard, mais il y a du nouveau dans la maison.... Non! Non! que personne de vous ne sorte, s'écria-t-il en voyant que Francésa voulait descendre. Laissez la porte ouverte!... Je veux entendre.

Un bruit confus de voix, parmi lesquelles on reconnaissait celles des fermiers, parvint à l'oreille du vieillard octogénaire.

— Donnez un coup de sonnette!

— Mon père, si vous vouliez dire ce qui vous manque... demanda Louise.

Le bonhomme fronça les sourcils. Mélite et Francésa, étonnées, n'osaient rien ajouter.

Un domestique entra.

— Descends, commanda le bonhomme, et reviens de suite avec Thomas et Marianne.

Cet ordre fut exécuté; deux des serviteurs du logis et une vieille femme de chambre rentrèrent un instant après. Marianne reçut mission de veiller la malade; les deux domestiques, obéissant à l'impérieuse volonté du vieillard, le descendirent dans l'escalier.

Puis, appuyé sur les trois jeunes amies, — il parut au seuil du salon de Rosven.

Gentilshommes et paysans firent silence.

Jean-François Bozec de La Faugerais, alors âgé de

quatre-vingt-huit ans, promena son regard sur l'assemblée; son front pâle était sévère, toute sa personne avait revêtu une majesté inaccoutumée. Il ne prononça que ces deux mots :

— Me voici !

Mais ces deux mots, quoique dits d'une voix éteinte, retentirent dans toute la salle.

L'étonnement, le respect, la vénération semblaient enchaîner chacun à sa place; il fallut que le vieillard ajoutât:

— Qu'on m'asseoie sur mon grand fauteuil, au milieu de mes fils et de mes serviteurs !

Dix hommes s'élancèrent vers le patriarche, et débarrassant les jeunes femmes de leur noble fardeau, posèrent Jean-François sur un siége élevé auprès de la haute cheminée blasonnée de *gueules à la croix pattée d'or*.

On lui mit un tabouret sous les pieds.

— Faut-il nous retirer ? demanda Louise au nom de ses sœurs.

— Qu'elles restent ! dit le seigneur châtelain ; qu'elles restent ! et qu'on m'amène mes arrière-petits-enfants! et qu'on laisse entrer tous les domestiques !

IV.

LE MANOIR ET LA PAROISSE.

Conformément aux volontés de Jean-François, la famille entière et tous les gens du logis, à l'exception de la bonne femme mourante et de la vieille Marianne qui la gardait, se trouvèrent rassemblés dans la grand'salle de Rosven.

— J'en ai vu assez en entrant, dit le vieillard, pour savoir à peu près ce qui se passe. Le moment est venu où les vieux comme les jeunes, où les femmes comme les hommes ne doivent rien ignorer. Qu'on s'explique donc devant moi ! Si cruelles que soient les épreuves réservées à mes derniers jours, je montrerai que la force de l'âme survit à la force du corps !

Ces mots, lentement et faiblement articulés, vibrèrent dans le salon.

Tous les regards se portèrent du patriarche à son fils Armand, qui analysa la situation, raconta le sac de Kermarek, parla des rapports faits antérieurement par Morvan-Béquille, et, sans rien dire de la conjuration La Rouarie, à laquelle il n'était pas affilié personnellement, ajouta que les gens du pays, effrayés par les excès des sans-culottes, ne se sentaient cependant pas disposés à repousser la violence par la violence.

Le bonhomme, affaissé sur lui-même, écoutait attentivement.

Quand Armand dit avec quelle générosité les Gavésio venaient d'offrir leurs services à la famille La Faugerais, le patriarche releva la tête, ouvrit les yeux et sourit noblement au vieux Pierre, qui tressaillit de fierté.

Mais lorsque l'aîné parla de la proposition qu'on avait faite de quitter Rosven, Jean-François fit un geste, et s'écria plus chaleureusement qu'on n'aurait pu le présumer:

— Non! nous n'abandonnerons pas le toit de nos pères! C'est ici que je suis né, c'est ici que je veux mourir. Rosven! berceau de ma jeunesse, on ne m'arrachera pas vivant de tes murs!... Qu'ils viennent!... je ne leur livrerai que mon cadavre.

Les paysans touchés par un sentiment profondément enraciné dans leurs cœurs, répétaient confusément qu'ils mourraient pour la défense de Rosven.

Peu à peu leurs voix devinrent plus distinctes, ils s'associaient énergiquement au vœu du vieillard; ils juraient de s'ensevelir sous les ruines du manoir si les patriotes venaient l'attaquer.

Les traits de Jean-François rayonnaient d'un enthousiasme véritablement breton que partageaient les femmes et les enfants eux-mêmes.

Tout à coup un nouveau personnage entra dans le salon; on reconnut Morvan-Béquille.

Le mendiant ne parut pas surpris de voir tant de personnes assemblées dans la grand'salle; il venait de la ferme, où les femmes Gavésio l'avaient déjà instruit en partie de la réunion qui avait eu lieu au manoir.

Après avoir humblement salué le bonhomme et ses fils, il s'approcha de M. de Kerfuntun, lui dit quelques mots à l'oreille, et se mêla au groupe des paysans et des domestiques.

M. de Kerfuntun alors s'avança vers le patriarche de Rosven.

— Mon père, dit-il, d'impérieux devoirs m'appellent ; il faut que je renonce à l'espoir d'être au nombre des défenseurs de votre maison. Bénissez-moi !

— Allez, allez ! Kerfuntun, et que Dieu vous garde ! dit le bonhomme Jean-François.

Louise et Francésa, effrayées du prompt départ de leur père qui faisait déjà seller son cheval, se précipitèrent dans ses bras en versant des pleurs.

— Quoi ! s'écriaient-elles, vous voudriez partir, partir seul !

Hilaire et Ermel demandaient à leur aïeul la permission d'escorter le père de Louise et de Francésa. Mais la première sentit redoubler ses craintes ; elle se jeta aux pieds de son mari en le suppliant de rester.

Francésa voyait qu'Ermel accompagnerait son père, et qu'ainsi toutes ses angoisses passées allaient renaître.

Le bonhomme hésitait, mais il aurait probablement cédé aux sollicitations de ses petits-fils, lorsque Pierre Gavésio s'avança au milieu du salon.

— Que celui-ci, dit-il en frappant sur l'épaule de Malo son quatrième garçon, que celui-ci marche avec M. de Kerfuntun, comme Alain a marché avec M. Ermel.

La proposition du vieux fermier mit fin aux généreux débats qui agitaient tous les cœurs.

Kerfuntun et Malo Gavésio partirent avec Morvan-Béquille.

Une heure après, la principale pièce du manoir était convertie en une salle d'armes où l'on rassemblait assez de fusils pour tous les hommes en état de combattre.

Le soir même Francésa dépouilla le déguisement de paysanne qu'elle avait conservé jusque là. Rosven était en insurrection. On apprit aux femmes l'art de fabriquer les cartouches. Autour de Louise et de ses sœurs se pressaient les filles de Gavésio, de Bastin et de Jean du Gavre.

Alain était chargé de la fonte des balles, tous les vieux tuyaux de plomb, enlevés des toits, furent convertis en projectiles. L'ex-voltigeur, sous prétexte d'apporter des matériaux, multipliait ses apparitions au salon; toujours alors il avait quelques mots à dire à Jeanne la brune.

Mélite et Francésa plaisantaient en interrogeant la paysanne sur son futur mariage.

— Et qu'attendez-vous donc? demanda étourdiment Mlle de Kerfuntun.

— Mon Dieu! répondit tranquillement la fille du métayer, c'est une idée d'Alain, qui ne veut pas, dit-il, se marier avant M. Ermel.

Louise et Mélite de rire; mais Francésa de rougir bien fort à cette réponse.

Si les châtelaines s'amusaient des amours du voltigeur et de la jeune fermière, les paysannes chuchotaient en revanche fort à l'aise chaque fois qu'Ermel, revenant de diriger les travaux de terrassements, papillonnait autour de Francésa.

En leur qualité de militaires, le vicomte et le chevalier s'étaient chargés de mettre le manoir en état d'opposer une vigoureuse résistance. La vieille douve, naguère transformée en pacifique potager, fut déblayée, creusée et revêtue d'un talus, sur lequel on planta une palissade de pieux, dont les interstices formaient autant de meurtrières. Les parapets, ou pour nous servir du mot usité dans le pays, les *fossés* qui entouraient les champs et les bois de l'avenue furent réparés avec soin, comme autant d'ouvrages avancés. On parla beaucoup au bourg de ces préparatifs de défense.

Les nouvelles devenant de plus en plus alarmantes, quelques hommes de bonne volonté vinrent se présenter aux frères Gavésio, qui les enrôlèrent sous les ordres de M. Ermel.

Les chatelains avaient unanimement reconnu que le jeune officier, sans même excepter le capitaine de vaisseau, était le membre de la famille le plus apte à prendre le commandement immédiat de la petite troupe, qui grossissait chaque jour. Armand, Michel et Hilaire s'étaient partagé les autres soins relatifs à l'approvisionnement du manoir.

Jean du Gavre continuait à battre la campagne et à fréquenter Vannes et Ploërmel.

Les Gavésio faisaient en sorte qu'on ne manquât de rien, et du reste les paysans commençaient à ne plus porter de vivres dans les villes, où la disette se faisait sentir, tandis que, par contre-coup, une trop grande abondance de denrées encombrait les campagnes, privées de débouchés.

Le bonhomme Jean-François voulait être tenu au courant de tout. Souvent de la chambre dont il ne sortait plus, il donnait encore d'utiles avis.

Ce fut lui qui voulut qu'on fît en cachette un dépôt d'armes et de munitions dans les bois de Rosven, où les Gavésio, dirigés par Hilaire, creusèrent sous le roc un petit magasin qui fut fort utile par la suite.

Quoique le bonhomme eût énergiquement repoussé la pensée d'aller s'établir à Kerbozec, il invita encore Armand à faire transporter dans la gentilhommière tous les meubles superflus du manoir, disant que Rosven pouvait succomber et qu'il fallait se ménager un lieu d'asile. Le vieux châtelain résolu à mourir sous le toit de ses pères, pensait à ceux qui devaient lui survivre : on se rendit à ses désirs; la gentilhommière abandonnée fut remise en état d'être habitée; on profita, pour opérer le déménagement, d'une belle et froide journée de décembre; et l'hiver promettant d'être très-rigoureux, on commença d'espérer qu'il se passerait encore sans combats.

On se trompait.

Vers le milieu de janvier 1793, une bande de forcenés partie de Ploërmel, soutenue par une escouade de gendarmes à cheval, et commandée par un officier de la commune, parut devant Rosven. Si les paysans n'étaient pas déterminés à combattre, du moins ils gardaient toutes leurs sympathies pour les gentilshommes; on fut prévenu longtemps d'avance au manoir. Quand les patriotes se montrèrent à la lisière du bois, un feu de mousqueterie bien nourri les déconcerta.

Les gendarmes, cependant, piquent des deux et s'enfoncent dans l'avenue. La douve les arrête; les portes et les contrevents des fenêtres sont percés de meurtrières. une vive fusillade les oblige à battre en retraite. Au moment où ils passaient dans l'avenue, d'invisibles adversaires, postés en tirailleurs, tuèrent encore plusieurs d'entre eux.

Le reste prit la fuite.

A Saint-Ermel, ils trouvèrent les sans-culottes occupés à piller le presbytère et l'église.

Ce dernier outrage enflamme d'une sainte colère ceux-mêmes des paysans qui n'ont pas coopéré à la défense du manoir. On s'arme de fourches, de bâtons et de fléaux; une sanglante mêlée s'ensuit. Les paysans fauchent les bonnets rouges. Les patriotes, épouvantés, regagnent Ploërmel avec une faible partie de leur butin; les gendarmes, réduits de moitié par les défenseurs de Rosven, restent néanmoins maîtres du champ de bataille; ils se retirent en bon ordre.

Le soir, plus de cent jeunes gars venaient demander au manoir la permission de combattre sous les ordres du capitaine Ermel et d'Alain Gavésio le sergent; — car tel était le grade décerné au ci-devant voltigeur d'Artois, extirailleur de la compagnie d'Amblemont. Ermel, du reste, étant breveté par le comte de Provence, n'usurpait en aucun cas le titre de capitaine.

Presque toute la paroisse, les vieillards, les enfants et les femmes, accompagnaient les jeunes gens décidés à prendre les armes.

Cette multitude, émue par les graves événements de la journée, pénétra dans la cour, si toutefois on peut donner le nom de cour à une sorte de terrain vague, enclos par la douve du logis; — les domestiques et les fermiers l'arrêtèrent.

— Silence! silence! ne criez plus! — La bonne femme se meurt!

La paroisse de Saint-Ermel fit silence et attendit. — Le jour baissait; la lune se levait à l'horizon, et le sol était couvert de neige, en sorte qu'une clarté suffisante régnait autour du manoir, lorsque Jean du Gavre traversa la foule au galop; il ramenait en croupe le recteur de Saint-Ermel.

A l'approche des sans-culottes, le curé s'était réfugié dans une des huttes du bois de Rosven, qu'il ne faut pas confondre avec les bois de l'avenue.

Le bois de Rosven est situé sur les hauteurs qui dominent le logis du côté de Vannes et près de la lande Sans-Fin, tandis que les futaies et taillis où gisaient encore les cadavres des gendarmes sont en plaine et s'étendent dans la direction de Ploërmel.

Pendant l'assaut, qui ne dura pas plus d'une demi-heure, le bonhomme s'était fait porter à côté de sa compagne. Mélite et Francésa restèrent avec eux.

A chaque détonation de la fusillade, la mourante éprouvait des tressaillements; l'inquiétude qu'inspirait son état l'emportait encore dans le cœur des jeunes filles sur la terreur causée par l'attaque des sans-culottes.

Après avoir ordonné au petit Jean VII de rester bien tranquille et de calmer ses jeunes frères, Louise s'occupait de pourvoir aux besoins des défenseurs de Rosven. Plusieurs fois elle vint dire au bonhomme comment on combattait ; ses sœurs priaient à côté des vieillards.

Mais aussitôt que les gendarmes se furent retirés, tous les membres de la famille se réunirent dans la chambre haute.

La bonne femme avait poussé un premier cri d'agonie. Les gentilshommes, noirs de poudre et le fusil à la main, se rangèrent autour du lit. On expédia Jean du Gavre et les fils Gavésio à la recherche du curé.

Les Gavésio arrivèrent à Saint-Ermel assez tôt pour coopérer à la déroute des pillards et pour opposer une vive résistance à la gendarmerie; mais Jean du Gavre, qui avait pris la direction du bois de la colline, découvrit la retraite du recteur, qu'il ramena encore à temps.

Le pasteur descendit de cheval, bénit ses ouailles, qui se signèrent à son aspect, et entra dans le manoir.

Avant de mourir, la vieille châtelaine reçut avec un pieux recueillement les adieux de sa famille et les derniers sacrements de l'Eglise.

La douleur muette du patriarche fendait le cœur des assistants; les fils, les petits-enfants et les arrière-petits-enfants pleuraient,—et cependant les hommes ne pouvaient s'abandonner sans contrainte à leur deuil filial.

Ermel fut obligé de descendre afin d'ordonner que l'on recueillît les dépouilles des ennemis. Les jeunes gars de la paroisse voulurent déclarer qu'ils venaient s'engager sous lui ; il ne leur en laissa pas le temps, et remonta dans la chambre funéraire.

Un murmure douloureux apprit bientôt après aux gens du dehors que la vieille châtelaine avait cessé de vivre.

On sait que depuis plusieurs mois elle prononçait à peine quelque mots à de rares intervalles ; au moment de rendre son âme à Dieu, elle trouva la force de murmurer les noms de ses enfants ; puis elle ajouta :

— Foi, fidélité, union !

Elle s'éteignit presque aussitôt sans douleur apparente, après avoir fait entendre un second gémissement.

Les gens de la paroisse, respectant la douleur du manoir, se retirèrent ;—mais le lendemain, ils revenaient plus nombreux encore pour assister aux obsèques de la bonne femme, dont la longue vie n'avait été qu'une suite d'actes de bienfaisance.

Son éloge était dans toutes les bouches.

Les vieilles gens qui l'avaient connue alerte et forte, racontaient d'elle mille traits de charité qui touchaient la multitude; et par un rapprochement bien naturel, on se reprochait de n'avoir pas concouru la veille à la défense de sa maison.

Un tombereau chargé de cadavres retrouvés dans l'avenue précédait le cercueil de la *sainte bonne femme*, ainsi que disaient les habitants de Saint-Ermel.

Pendant la nuit, on avait réparé le mieux possible les dégâts commis dans l'église, où le curé officia sans empêchements; mais aux portes et sur tous les chemins du bourg se tenaient des hommes armés prêts à jeter l'alarme.

Une nouvelle agression des patriotes de Ploërmel n'était cependant pas redoutable ; on y déclama beaucoup contre Ermel-commune, et l'on s'en tint là.

Il en fut de même à Vannes, où la nouvelle de la résistance de Rosven faillit compromettre le crédit du citoyen Famine; mais l'influent démagogue, pour conserver la faveur populaire, se hâta de provoquer le jugement, la condamnation à mort et l'exécution de dix aristocrates, au nombre desquels périt la vieille dame de Kermarek.

Les sans-culottes continuèrent à dévaster les manoirs et les gentilhommières les plus rapprochés de chez eux, — ce qui donna encore quelque répit aux habitants de St-Ermel et de Rosven.

Faut-il essayer de peindre la profonde douleur de la famille patriarcale des Bozec de La Faugerais, lorsque la tombe se referma sur les restes inanimés de la châtelaine? Faut-il montrer les maîtres et les serviteurs confondant leurs regrets et leur larmes? La paroisse entière était touchée; la mort de la châtelaine fut attribuée aux actes de violence des sans-culottes;—les jeunes gens, avant qu'Ermel sortît du cimetière, s'écrièrent sur son passage : — Nous voulons marcher avec vous!

Les châtelains et les fermiers s'arrêtèrent.

— Nous voulons venger la *sainte!* reprenaient les gars en appelant Ermel.

Le chevalier se tourna vers son père et demanda : —Que dois-je leur répondre?

— Réponds-leur de se tenir prêts au premier signal.

Malgré son amère tristesse, Ermel prononça un petit

discours où il déclara qu'il fallait combattre pour la religion et pour la royauté persécutées.

Le funèbre cortége se dispersa aux cris répétés de : *Vive le Roi!*

Les gentilshommes rentrèrent au manoir ; les paysans allèrent apprêter leurs armes. Heureux ceux qui avaient des fusils.

Quant au pasteur de Saint-Ermel, qui prêchait la paix et la patience depuis deux ans, il se tut : il n'essaya plus de calmer le trop juste courroux de son troupeau; mais, se mettant en prières, il le plaça sous la protection du Ciel.

V.

L'AGONIE DU CONSPIRATEUR.

Autour du manoir veillaient sans cesse des sentinelles ; mais du reste rien n'était changé dans les mœurs patriarcales de la famille, rien, si ce n'est qu'on récitait un *De profundis* de plus à la prière du soir.

La prière se disait maintenant dans la chambre du bonhomme, que son état de faiblesse empêchait de descendre, comme on le sait.

Dans les premiers jours de février 1793, elle fut brusquement interrompue par un bruit de chevaux lancés au galop et par la détonation presque simultanée de plusieurs armes à feu.

L'alarme est donnée, les gentilshommes et leurs serviteurs se précipitent dans la cour.

En arrivant aux palissades, Ermel et Hilaire y trouvèrent M. de Kerfuntun et Malo Gavésio, frappés chacun d'une balle, tombés de cheval, baignés dans leur sang.

Sur la lisière du bois la fusillade continuait.

Aussitôt on sonne le tocsin à l'église de Ploërmel ; les bois, les chemins, les fossés se peuplent de tirailleurs ; une troupe à cheval fuit épouvantée dans la direction de Vannes, où M. de Kerfuntun et tous les complices de La Rouarie ont été mis hors la loi.

En arrivant à la palissade, les Bozec de La Faugerais et les Gavésio s'arrêtèrent un instant.

Mais en vrai soldat, Ermel, quoique brisé de douleur, aurait poursuivi sa route, rallié ses gens et pris le commandement général en sa qualité de capitaine, si Kerfuntun, le retenant ainsi qu'Hilaire, ne se fût écrié :

— Mes enfants, je vous en supplie, restez avec moi, il faut que je vous parle avant de mourir,

Ermel, impatient de combattre, hésitait ; le vicomte dit à son tour :

— Aujourd'hui, mon ami, je vais commander... demeure avec lui. — A moi, mes gars, ajouta le vieux marin de cette voix belliqueuse qui dominait naguère les sifflements du vent et les détonations de l'artillerie.

— Que le bon Dieu te conserve ! disait en même temps le vieux Pierre à son fils Malo.... A tout à l'heure !... Salaün, Yvon, Alain, en route!

Tandis que l'héroïque famille du fermier s'élançait dans les bois de Rosven à la suite du capitaine de vaisseau, Toinette Bastin, Jeanne du Gavre et les autres femmes de la métairie et du manoir relevaient les blessés et les transportaient au logis.

Malo souffrait d'une grave blessure qui le réduisait à l'inaction, mais ne menaçait point sa vie ; on le coucha, on le pansa, et, seul peut-être de tous les habitants du bourg, il dormit ensuite paisiblement.

Kerfuntun, au contraire, était mortellement atteint d'une balle qui lui avait fracassé deux côtes et entamé le poumon. La famille éplorée l'entourait ; et cependant le bruit de la fusillade s'affaiblissait du côté de la lande Sans-Fin ; peu à peu le silence se rétablit au dehors, il devint évident que les révolutionnaires n'étaient plus à craindre.

Louise et Francésa, désespérées, ne pouvaient retenir leurs larmes ; le bonhomme Jean-François, étendu sur sa chaise longue, regardait d'un œil morne le douloureux tableau de l'agonie du gentilhomme.

Armand, les bras croisés sur la poitrine, attendait qu'il fût en état de s'expliquer; car déjà deux fois Kerfuntun avait essayé de prononcer quelques mots et s'était aussitôt évanoui.

On le pansa du mieux qu'on put, on voulut lui défendre de parler; mais, promenant sur ses enfants et sur ses hôtes des regards encore pleins d'un noble feu, M. de Kerfuntun dit enfin :

— Non, mes amis, il faut que je profite de mes derniers moments... Je suis perdu sans ressources; ne me condamnez pas au silence... J'ai rempli mes devoirs de chrétien ce matin, dit-il alors, soyez donc tranquilles, mes enfants... comme je le suis moi-même... et ne pleurez pas sur moi... Ce n'est pas sur moi qu'il faut pleurer !...

Ces paroles entrecoupées n'arrivaient qu'une à une ; de longues pauses suivaient chaque phrase; il faisait des efforts surhumains pour être capable de poursuivre.

— ..... La Rouarie n'est plus !... Il n'a pu survivre au meilleur des Rois...

Le vieillard octogénaire prit le bras de son fils Armand :

— Le Roi ! le Roi ! murmura-t-il.

— ..... Mis à mort par eux !...

Hilaire et Ermel tressaillirent.

— ..... Ils l'ont exécuté le 21 du mois de janvier, sur la place de la Révolution...

A ces mots, le vicomte de Kerbozec et les Gavésio entrèrent; on leur répéta ce que le blessé venait de dire. Le vicomte, qui avait connu Louis XVI et qui le vénérait avec amour, fut obligé de s'appuyer sur l'épaule de Pierre, son frère de lait; mais avant que Kerfuntun eût repris la parole, il était à côté du patriarche de Rosven, qui prit sa main, tenant ainsi ses deux fils Armand et Michel, et serrant plus fort à mesure que Kerfuntun se ranimait.

— ... Le Roi est mort!... La Rouarie, qui se cachait dans les bois, traqué par les révolutionnaires comme une bête fauve, est mort aussi en nous léguant sa vengeance...

— Vengeance! répéta d'une voix rauque le patriarche de Rosven.

— Nous étions trahis ; les *Amis de la Constitution* à Londres, aidés en sous-main par leur gouvernement, savaient tout; ils en instruisaient le comité de salut public.... Les étrangers ont tout perdu!.... traîtres d'Anglais!...

Les hommes qui écoutaient le mourant l'avaient en quelque sorte oublié, tant les terribles nouvelles qu'il apportait impressionnaient ces serviteurs dévoués du Roi, vrais *patriotes* dans le sens primitif d'un mot tristement dégénéré.

Les femmes, au contraire, saisissaient à peine la portée des paroles de Kerfuntun. Louise, pâle et tremblante, Francésa, sublime de douleur filiale, Mélite même, entendaient sans comprendre. — Le son de la voix de Kerfuntun retentissait dans leurs cœurs sans arriver jusqu'à leurs pensées. Les deux filles du conspirateur, agenouillées à ses côtés, levaient sur lui leurs yeux en pleurs ; Hilaire, Ermel et les enfants attristés formaient un autre groupe maintenant arrêté à quelques pas des trois vieillards qui se tenaient par la main.

En dernier plan, auprès de la porte entr'ouverte, Pierre Gavésio, Yvon, Salaün, Bastin et les domestiques des deux sexes étaient debout et muets.

— Oui! dit le vicomte, je comprends, moi! Les Anglais se vengent de la guerre d'Amérique. Ils ont soufflé la révolution française, ils ont causé la mort du Roi!—Ils ont vendu La Rouarie, ils préparent la destruction complète de nos colonies et de notre marine.....

— ... Il l'a dit, interrompit le mourant.

— Maudit soit le Saxon! murmurèrent les paysans bretons dans leur idiome, où *Saxon* est synonyme d'*Anglais*.

— ... Le marquis de La Rouarie est mort le 30 janvier, poursuivit Kerfuntun.... Il m'a légué sa pensée, mes enfants.... A mon tour, je meurs... Ecoutez!

Lorsque Kerfuntun en revint à parler de lui-même, ses filles qui distinguèrent ces mots : *je meurs*, tressaillirent convulsivement en inondant de leurs larmes ses mains déjà glacées par la mort.

— ... Ecoutez! reprit Kerfuntun... Hilaire, mon fils, aux armes! guerre sans trêve aux bourreaux du Roi!... Et vous, Ermel, demandez à votre père et à votre aïeul la permission de vous unir à celle-ci (c'était Francésa qu'il désignait).... Car alors La Rouarie aura deux successeurs au lieu d'un...

Ermel se tourna vers les vieillards; Armand en référa du regard au patriarche, qui de sa voix rauque dit seulement :
— Qu'il l'épouse!

— ... Ils s'aiment! murmura simplement Kerfuntun tandis qu'Hilaire plaçait la main de Francésa dans celle d'Ermel... Ils s'aimaient pendant la paix; qu'ils soient unis pour la guerre!..

Les deux fiancés, à genoux devant le mourant, reçurent sa bénédiction ; ils reçurent aussi celle d'Armand, qui intervint alors :

— Tu vas comparaître devant Dieu, Kerfuntun, dit l'aîné

de la famille ; tu nous lègues une cause sainte , mais sache qu'on a devancé tes vœux... Saint-Ermel et Rosven sont déjà sous les armes!... le reste de la Bretagne suivra bientôt leur exemple... Ton maître le marquis La Rouarie se sera survécu !

A mesure qu'Armand parlait , les traits du conspirateur expirant semblèrent se ranimer ; un magnanime sourire effleura ses lèvres.

— Je meurs content! dit-il encore. Que la victoire accompagne les défenseurs du trône et de l'autel!... Union entre vous, mes enfants!... Que Dieu vous protége!..... Priez pour mon âme !...

A ces mots les muscles du gentilhomme expirant se détendirent.

Le curé de Saint-Ermel , que l'on était allé chercher en toute hâte, parut. Tous les fronts s'inclinèrent.

— Que la paix du seigneur soit avec vous! dit le prêtre.

Kerfuntun était assis dans un fauteuil. Mélite soutenait sa tête pendant qu'Ermel et Francésa d'un côté , Hilaire et Louise de l'autre , lui pressaient encore les mains.

Depuis plus de deux mois Kerfuntun ne s'était point couché dans un lit ; accompagné par Malo, il avait rejoint La Rouarie et l'avait suivi jusqu'au dernier moment, dormant sur la dure , dans le creux des rochers , au fond des forêts, voyageant la nuit, se cachant le jour.

Lorsque le marquis se réfugia au château de la Guyomarais, près Lamballe, et qu'il y tomba malade d'une fièvre chaude, Kerfuntun et Malo veillèrent et secondèrent Thérèse Le Moëllien, ange héroïque qu'attendait l'échafaud.

Après quatorze jours de souffrances et de délire durant lequel le chef de l'association Bretonne invoquait sans cesse son Roi mis à mort, Kerfuntun et Malo ensevelirent de nuit le cadavre de l'homme que les agents de la Convention cherchèrent encore durant quelque temps.

Ce fut alors que Kerfuntun et Malo reprirent le chemin de Rosven.

En passant près de Ploërmel, un peloton de cavaliers qui se rendait à Vannes les rencontre; on veut les arrêter, ils déchargent leurs pistolets et prennent la fuite à bride abattue;—mais le brigadier, à la lueur de la lune, a reconnu Kerfuntun signalé comme conspirateur, et de qui l'on espère obtenir des révélations. Il serait important de le saisir vivant; on le poursuit à outrance. Cependant aux abords de Rosven, les agents de l'autorité révolutionnaire voyant que les fugitifs leur échappent, se décident à tirer sur eux.

Les sentinelles de l'avenue ripostèrent, les gendarmes furent dispersés et criblés de balles en longeant, sur la lande Sans-Fin, la lisière des bois de Rosven. Déjà le conspirateur était frappé du coup mortel.

Kerfuntun voulut mourir comme ces vieux chevaliers qui, pour rendre le dernier soupir, se faisaient armer de toutes pièces et poser sur la *chaire de l'agonie*,—étrange coutume d'un autre âge qui inspira peut-être le royaliste breton à l'heure de la mort. Il est plus probable néanmoins que, sentant sa fin prochaine, et voulant parler à l'assemblée, le gentilhomme pensa que le lit l'affaiblirait. D'ailleurs la perte des moindres instants eût été irréparable.

Quand il eut tout dit, quand il n'eut plus besoin de lutter avec la douleur physique, il s'abandonna d'un front serein à la souffrance qui le tuait.

Le prêtre profita de ces derniers instants pour lui conférer le sacrement de l'Extrême-Onction.

Puis il y eut encore des pleurs à Rosven.

Zébédée de Kerfuntun, dernier du nom, écuyer et chevalier de l'ordre royal et militaire de Saint-Louis, ancien capitaine du régiment de Vermandois, Kerfuntun, que le patriarche de Rosven regardait comme son troisième fils, venait de mourir en soldat chrétien.

Le chevalier Ermel offrit en pleurant à Francésa une relique de famille, — la petite croix d'argent que la vieille châtelaine, dont on portait le deuil, lui avait passée au cou la veille de son départ pour le régiment d'Artois.

—

A Vannes, pour la troisième fois le nom de Rosven excitait la fureur des sans-culottes.

Les ennemis de Famine l'accusent de tous les désastres On se promet de le dénoncer en plein club, en portant une nouvelle motion incendiaire contre le manoir et la paroisse de Saint-Ermel.

— Qu'on fasse marcher la colonne révolutionnaire de la Meuse, s'écrient les forcenés, et qu'on en finisse une bonne fois avec ce repaire d'aristocrates !... Que Famine soit traduit devant le tribunal dont il est indigne de faire partie!. A bas les modérés!... à la guillotine!... et vive la République!....

—

De leur côté, les membres de la Confédération Bretonne et Poitevine, essayaient de cacher la mort de leur chef, si redouté par les révolutionnaires, que Barthe et Morillon, chargés par le gouvernement central de le saisir mort ou vif, ne demandèrent pas moins de sept mille hommes pour le surprendre. Mais les renseignements fournis au comité de salut public par les *Amis de la Constitution* à Londres, étaient d'une exactitude telle que les deux espions, avec une force armée considérable, vont droit au château de La Guyomarais. Ils l'investissent de nuit. Tous les habitants du manoir sont arrêtés. Des fouilles ont lieu, on découvre le corps du conspirateur, ainsi que les correspondances et les papiers relatifs au complot.

Morillon se hâte de faire publier la mort de La Rouarie, dévoile les secrets de l'association et signale tous ceux des confédérés dont il a trouvé les noms; heureusement, le plus grand nombre échappe, car Thérèse Le Moëllien avait brûlé la liste complète des conjurés la veille même de son arrestation. D'autres fouilles faites à la Fosse-Hingant, chez Desilles, caissier des royalistes, fournirent une foule de preuves nouvelles.

La fureur des révolutionnaires s'accrut au point que Morillon, dénoncé par Barthe, son collègue, à la justice du salut public, fut condamné à mort « comme ayant usé de » procédés de douceur envers la famille Desilles. »

Les prisonniers au nombre de vingt-sept, furent transférés de Rennes à Paris et traduits devant le tribunal révolutionnaire; douze d'entre eux furent exécutés le **19 juin 1793**, à cinq heures du soir.

» Tous refusèrent l'assistance des prêtres constitutionnels
» tous s'embrassèrent au pied de l'échafaud, tous périrent
» avec une dignité pleine de courage et en criant : Vive le
» Roi! Mais au milieu de ces infortunés, morts,—au dire des
» journaux républicains, — avec la gaîté de fanatiques qui
» se croient des martyrs, — le peuple admira cette belle
» Thérèse Le Moëllien, qui n'avait eu pour ses juges qu'un
» sourire de mépris. Il plaignit Mme de la Fonchais (An-
» gélique Desilles), qui pleurait sur le sort de ses jeunes
» enfants, et qui mourait à la place de sa sœur, dont, par
» un sublime effort d'amitié, elle avait usurpé le nom.

» Le major Chafner n'avait pu être saisi par les révolu-
» tionnaires; il revint en Bretagne, et perdit la vie dans les

» noyades de Nantes, après avoir, au milieu des Chouans,
» bravement vengé la mort de Thérèse Le Moëllien (1). »

L'on crut qu'en Bretagne, ainsi qu'à Paris, une conspiration dévoilée était une conspiration avortée. Mais par un rapprochement frappant, — le 3 mars, les papiers de La Rouarie étaient découverts; le 10, l'Anjou, le Poitou et une grande partie de la Bretagne se soulevaient spontanément pour la défense de la même cause.

Les gentilshommes compromis dans le complot, effrayés, découragés, isolés, renoncèrent pour la plupart à prendre l'initiative; — les paysans la prirent. La terreur qui démoralisait les chefs, donna de l'énergie aux simples paysans; — elle enfanta des héros dans le Bocage et sur la Lande, comme elle en enfantait aux frontières.

Il fallait alors trois cent mille hommes à la Convention pour protéger le territoire de la France contre les étrangers; les Vendéens et les Bretons se refusèrent à concourir à la défense d'une république sanguinaire et régicide qu'ils ne reconnaissaient pas; — ils se levèrent en masse pour soutenir leurs droits de citoyens, leur liberté de conscience, leur foi persécutée. Ils contraignirent les nobles à marcher avec eux. L'élément populaire l'emporta dans la grande insurrection de l'Ouest; mais on ne saurait méconnaître que La Rouarie, par ses manœuvres, contribua singulièrement au mouvement des campagnes. Ses émissaires mirent toujours les paysans en garde contre les émissaires républicains. Des hommes comme Morvan-Béquille devaient puissamment préparer les voies; et d'un autre côté, on ne doit pas oublier les sauniers et gabeleurs manceaux et le fameux Jean Chouan qui, dès le 15 août 1792, avait le premier

---

(1) Crétineau Joly, *Histoire de la Vendée militaire*.

poussé le cri de la révolte contre le principe révolutionnaire.

Jean Chouan, l'un des frères Cottereaux, eut la gloire de donner son nom aux insurgés d'en deçà de la Loire.

Voici déjà que la plupart des chefs de l'association de La Rouarie, appelés par les paysans, reparaissent dans l'arène. Le prince de Talmond, le brave comte de Siltz, Aimé Dubois-Guy, Du Bobéril, Charles de Bois-Hardy et Tinténiac, et tant d'autres qu'il serait trop long de citer, vont combattre sur l'une et l'autre rive de la Loire avec le peuple, qui veut la liberté et l'égalité chrétiennes, contre les démagogues qui hurlent : *La liberté, l'égalité ou la mort!*

Tinténiac, illustre rejeton d'une famille qui comptait deux de ses ancêtres au combat des Trente, inspira par sa mort un sublime chant populaire dont le début dira mieux que de longues phrases l'esprit qui animait les Blancs.

« Les vieillards et les jeunes filles et les petits garçons et tous ceux qui sont incapables d'aller se battre, ceux-là diront, en allant se coucher, un *Pater* et un *Ave* pour les Chouans.

» Les Chouans sont des gens de bien, ce sont de vrais chrétiens; ils se sont levés pour défendre notre pays et nos prêtres; quand ils viendront à passer devant votre porte, je vous en prie, ouvrez-leur; Dieu de même, mes braves gens, vous ouvrira un jour. »

Ainsi commence cette ode religieuse et guerrière de la chouannerie, recueillie par Hersart de la Villemarqué, dans son *Barzas-Breiz*. Il n'existe en aucune langue de poésie plus grande et plus touchante que l'hymne funèbre de Tinténiac.

VI.

LE FANTOME DE LA CHAMBRÉE.

Géranium, l'Enflammé, Bec-de-perdrix, Rémond et Joli-Cœur, tous cinq grenadiers de la colonne du commandant La Patrie, n'étaient pas également destinés à jouir du prix de leurs bienfaits.

Vers la fin de la bataille de Valmy, Joli-Cœur fut frappé d'un éclat d'obus à la poitrine, et n'eut que le temps de murmurer le nom de *sa mie* avant de rendre l'âme. Ses camarades le vengèrent bravement aux dépens du roi de Prusse et de ses Prussiens.

A quelque temps de là, Rémond tomba frappé d'une balle à l'entrée du bourg de Bischoven que les Français venaient d'enlever au pas de course.

Pendant que Bec-de-perdrix s'élançait à la poursuite des fuyards, Géranium et l'Enflammé relevèrent leur infortuné camarade, et le portèrent dans une maison sur le perron de laquelle se trouvaient agenouillées plusieurs femmes et jeunes filles glacées de terreur.

— Holà! hé! les commères, dit l'Enflammé, pas tant

de larmes, et une goutte d'eau-de-vie pour remettre le cœur à ce pauvre Rémond.

— S'il faut qu'il trépasse, ajouta Géranium, au moins il aura la consolation d'avoir reçu son dernier coup de schnick de la main des grâces, et en compagnie de deux fils de Mars qui ne sont pas ses cadets.

Le galant grenadier, en disant ces mots, avait posé son chapeau tricorne sur l'oreille, — et sans oublier pour si peu son camarade mourant, il admirait l'ampleur des formes de la mère Winterhalfen.

Grétha, Marien et Rauschen s'empressaient de satisfaire aux désirs des grenadiers; elles apportèrent une bouteille d'eau-de-vie et trois verres, des sels, du linge. Depuis longtemps habituées à soigner les blessés, elles se mettaient en devoir de panser le pauvre Rémond, lorsqu'une bande de soldats français ébranla la porte du logis.

— Ah! monsieur le grenadier, préservez-nous du pillage! s'écria la mère Winterhalfen en s'adressant à Géranium.

— La beauté en pleurs a toujours trouvé grâce devant les guerriers avec ou sans général, et devant Géranium le particulier.

Ce disant, le grenadier ouvrit. Ses camarades furent étonnés de le trouver sur le seuil.

— C'est ici l'hôpital! Pardon excuse! on ne passe pas! Voilà la consigne! dit Géranium croisant la baïonnette. Avez-vous des blessés, apportez!... Si vous n'en avez pas, demi-tour à droite et marche!... Tambour va-t'en chercher le major!

L'éloquence militaire du fils de Mars produisit un excellent effet; les soldats, avides de pillage, coururent ailleurs; l'on transporta d'autres blessés chez la mère Winterhalfen;

le chirurgien-major de la colonne fut prévenu, il accourut et fit mettre un factionnaire à la porte; la maison fut sauvée.

Géranium et l'Enflammé étaient maintenant à côté du lit de Rémond, qui but en effet son dernier verre d'eau-de-vie avec eux et mourut après les avoir chargés de faire parvenir à son vieux père quelques pièces d'or cachées dans sa giberne.

Le nom de Géranium n'est pas assez commun pour que la mère Winterhalfen pût hésiter un seul instant après l'avoir entendu prononcer. Elle courut chercher la lettre d'Ermel, attira le grenadier à l'écart, et lui demanda s'il avait connu un officier nommé La Faugerais.

— Si je l'ai connu! s'écria l'aimable grognard,

— Eh bien! voilà ce qu'il vous écrit!

Infiniment moins circonspect que son ami l'Enflammé, Géranium brisa le cachet, et saluant la bourgeoise d'un air cavalier:

— M'amour, dit-il, foi de *guernadier!* je me ferais fendre en quatre pour vous être agréable, quand même, et à plus forte raison!

Mais le plus important était déjà fait, puisque dans le premier moment Géranium avait empêché le pillage.

Le bataillon d'élite du commandant La Patrie passa quelques jours à Bischoven, la mère Winterhalfen se confia au grenadier et lui dit que son mari, ses fils et un émigré français fiancé à sa fille aînée, étaient cachés dans les environs, qu'elle tremblait à toute heure qu'ils fussent pris et qu'elle le priait de venir à son secours.

— Comment! un émigré! encore!

— Vous avez bien sauvé M. de La Faugerais.

— Pchutt! fit le grenadier. Si vous parliez devant l'Enflammé, il vous étranglerait, pour vous enseigner la discrétion.

— Mais enfin, monsieur Géranium, c'est, je crois, un de vos anciens amis d'Artois.
— Qui donc?
— Jérôme Treillard.
— Jérôme Treillard! ah fichtre!... nous en causerons.

Dès le lendemain les fils Winterhalfen étaient rentrés au logis; quant à Jérôme Treillard, Géranium se chargea de l'introduire auprès du commandant La Patrie, auquel on fit un conte, — l'unique moyen de sauver l'ex-sergent étant de le faire admettre dans la colonne.

L'Enflammé, qui secondait Géranium et Treillard, mais à contre-cœur, ne cessait de répéter :

— Camarades! camarades! nous finirons plus mal que les Suisses.

Géranium le renvoyait à la vie de Turenne.

Grétha, très-inquiète, pleura fort quand la colonne du commandant La Patrie évacua le pays et se replia sur Metz; mais Jérôme n'aimait guère la cocarde sous laquelle il servait; le soir, après la première étape, il ne répondit pas à l'appel.

De Metz le bataillon avait été rappelé à Paris; les districts de Bretagne demandaient à cor et à cri des troupes plus capables d'imposer à la population que les gardes nationales des villes ; le corps fut mis au grand complet avec des volontaires de manière à former un régiment qui prit le nom de *Colonne révolutionnaire de la Meuse;* et le commandant La Patrie fut élevé au grade de colonel; — on le savait patriote enragé, en conséquence on le mit en garnison à Vannes.

Géranium, l'Enflammé et Bec-de-perdrix, depuis longtemps admis dans leur intimité, se trouvant accoudés sur la table de la cantine, déserte en ce moment, l'Enflammé dit tout bas :

— J'ai eu quatre fameuses venettes dans ma vie, sans compter les autres, et toutes les quatre pour des inventions de ta façon, Géranium : 1° d'abord, quand tu sauvas le lieutenant La Faugerais et Gavésio, un; quand tu ramenas Treillard du bois de Bischoven, deux; puis, le lendemain, quand le commandant La Patrie, le lorgnant dans l'œil, dit : « c'est un émigré! » je sentis que je tombais en cinq et six copes, comme une carpe sur une berge, trois; Géranium, pas gêné, répond : « Plus souvent!... » Voilà donc mon Treillard incorporé, quinzaine après il déserte...et de quatre!

Géranium et Bec-de-perdrix se regardèrent en riant.

— Toujours la même antienne, l'Enflammé!

— Pendant huit jours, quoiqu'on marchât fort, j'avais ma chemise froide comme marbre sur le dos; le major disait : « Ce garçon-ci a la fièvre... » — Oui, la fièvre! savantasse en *us*; dis donc la peur et la colique! c'est tout un.

— Moi, répondit Bec de Perdrix, je trouve que Treillard a eu tort... parce qu'il mettait les amis dans la panne.

— Et moi, interrompit Géranium, je dis qu'il a eu raison, vu que Grétha est une excellente fille, sa femme pour le quart d'heure, qui lui bourre sa pipe et lui remplit sa schoppe de bière.

— Mais s'il nous avait fait fusiller, avec tout ça, répliqua l'Enflammé.

— Mon petit, on ne passe l'arme à gauche qu'une fois, pas vrai? ainsi donc tu te montes l'imaginative pour des prunes... Si la mère Winterhalfen avait été fille ou veuve, j'étais capable de faire bien pis que Treillard, moi!... Une femme grosse comme une barrique! quelle pièce de quarante-huit! c'est ça qui représente dans un comptoir. Mais les charmes de la citoyenne de Cythère, comme qui dirait Vénus, ne sont pas faits pour Géranium.

Le grenadier poussa un gros soupir, vida un grand verre de vin, et les trois camarades continuèrent à causer de la dernière campagne jusqu'à l'heure de la retraite.

Depuis plus de quinze jours l'on avait connaissance à Vannes des événements dont Saint-Ermel et Rosven venaient d'être le théâtre.

Les patriotes murmuraient; ils accusaient la commune de modérantisme et le tribunal de faiblesse. Malgré les rigueurs que le citoyen Famine avait maintes fois déployées contre les partisans du fédéralisme ou de la royauté, on déclamait contre lui de toutes parts. Il était devenu riche, c'en était assez pour qu'il fût l'objet d'une haine croissante. Afin de calmer l'irritation des clubistes, il provoqua de nouvelles exécutions; mais l'ivresse même du sang altérait les tigres ameutés par la Terreur. Les orateurs de carrefours ne cessaient de prêcher le massacre. C'était à grand'peine que les soldats du colonel La Patrie parvenaient à protéger les prisons.

Géranium s'irritait du service auquel il se voyait condamné; l'Enflammé tremblait des propos compromettants de son camarade de lit; Bec-de-Perdrix pensait au fond comme Géranium, tout en opinant pour le prudent l'Enflammé.

Le pis était que le sergent de la compagnie, connu sous le nom de Bayonne, grand gaillard de trente à quarante ans, sec, maigre, noir, taciturne, mais, du reste, agile et brave, jouissait ouvertement des bonnes grâces du colonel. Or, le colonel était une manière de sans-culotte, un républicain de la plus redoutable espèce, un *ci-devant* défroqué, en un mot.

Géranium, vieux troupier, comme on sait, raconta un soir à ses deux camarades et à la chambrée tout entière, composée de soldats de l'ancien régime, les antécédents du colonel La Patrie.

L'Enflammé trembla si fort en écoutant, que ses dents s'entr'ouvrirent et s'entre-choquèrent, ce qui causa la chute et la fin désastreuse d'une pipe d'un sou finement culottée.

— Dans ce temps-là, disait Géranium, le colonel s'appelait proprement le chevalier du Genêt; quel est son pays? je n'en sais rien; mais il était noble et gentilhomme, c'est positif. Voilà le fait! je l'ai connu; heureusement il ne m'a pas reconnu, je m'y connais et j'en suis reconnaissant!..... — Donc, dans ce temps-là aussi, le premier chenapan venu ne passait pas officier pour quatre liards d'éducation. Si un vieux comme toi-z-ou moi arrivait à l'épaulette, c'était quasi un miracle, quoique ça se vît une fois le temps. Fallait, pour la chose, être un fin troubadour, éduqué dans le genre honnête, pas grippe-sou, pas braillard, pas voleur... soit dit sans offenser personne. Suffit!... — Au commencement de la Révolution, dans Artois, le bourgeois nous blaguait l'un l'autre en nous dégoisant : — « Mettez-moi tous ces talons rouges à croix ou pile, vous passez officier à la minute. Le meilleur troupier sera colonel. » — On ne m'a seulement pas nommé caporal, et Bayonne est sergent! pour quoi? pour qu'est-ce?... un *charabias* qui nous est tombé on ne sait d'où!

Le grenadier en était là, quand un de ses assistants fit *pchtt*; on avait entrevu l'ombre du sergent Bayonne faisant sa tournée dans la caserne avant le roulement des chandelles. Mais dès que ledit sergent eut disparu, Géranium poursuivit:

— Eh bien donc, où j'en étais-je t'il?.. m'y voilà! Il tournait de notre colonel ci-devant chevalier du Genêt, servant dans Turenne d'abord comme sous-lieutenant, et plus tard comme lieutenant. Un beau jour les marchands de Montpellier, où nous tenions garnison pour le quart d'heure, portent plainte contre lui; il avait fait mille écus de dettes ; le colonel lui fiche un savon, l'engage à payer, voilà qui va bien ! Six mois après, au lieu de mille écus, c'étaient quatre mille francs qu'il devait, sans avoir payé ce qui s'appelle un bisnacle de son dû. Les marchands retournent chez le colonel, qui leur dit comme ça : « Faites-vous payer par justice, si vous voulez, voici mon autorisation, et allez au diable! » — C'était fièrement parlé! — Les marchands remercient, s'esbignent, font un procès; on vous condamne mon lieutenant à la prison civile jusqu'à temps qu'il eût payé. — S'il paya, s'il ne paya pas, l'histoire ne le dit point..... Mais dans ce temps-là encore, camarades, l'officier était sévère sur l'article.—« Il a déshonoré le corps ; il s'est fait mettre en prison! qu'ils se disent, il ne rentrera pas d'avec nous! » — C'étaient-ils point de vrais fils de Mars ?..... hein?—Le chevalier du Génêt n'était pas un capon; ça, il faut le dire; il va trouver ses anciens collègues ! — « Ah! vous ne voulez plus de moi, alignons-nous ; et en avant la paille de fer! à moins que vous *préféreriez* le sabre, l'*espadron* ou le pistolet. » — Mais le capitaine d'Amblemont, un vieux des vieux avec qui j'ai passé dans Artois avant d'aller à Saint-Domingue, que nous sommes revenus ensemble à bord du *Lys*, commandé par un brave à trois poils, le ci-devant vicomte Kerbozec, soit dit en passant, qui est de ce pays-ci, m'est avis, vu que les sans-culottes l'ont nommé devant moi l'autre jour.... Ah çà, où j'en suis-je t'il ? M'y voilà! Donc, le capitaine d'Amblemont, tu sais, l'Enflammé, cette moustache blanche, qui est mort à Valmy....

L'Enflammé, les yeux hagards et pâle comme sa chemise,

ne répondit rien; Géranium se contenta d'un signe affirmatif de Bec-de-Perdrix.

— « Monsieur du Genêt, qu'il dit, vous n'êtes plus digne de croiser le fer avec des officiers du Roi! » Ah dam! c'était comme ça... sévère sur l'article de l'honneur... ce qui n'empêchait pas de *courtiser les grâces et de cultiver la beauté*, comme disait Jérôme Treillard, que vous avez tous connu.

— Mais tais-toi donc, malheureux!!! s'écria l'Enflammé d'une voix lamentable.

— Allons donc! trembleur, répondit le chœur des grenadiers. La fin, Géranium, va toujours!

— La fin, ça se devine,— poursuivit le grognard, tandis que l'Enflammé, en proie à des tranchées de cholérique, levait la séance aux rires de la séditieuse chambrée, — la fin, c'est qu'au 10 août, le ci-devant chevalier du Genêt se battait contre les Suisses... Un de nos camarades, qui n'aime pas qu'on le compromette, l'y a vu de ses yeux.

L'Enflammé était à la porte en ce moment; il poussa un cri d'effroi et disparut.

— Sous le nom de citoyen La Patrie, il se battit comme un diable, continua Géranium; il fut nommé, en récompense, commandant de la colonne où chacun de nous a été incorporé d'une façon ou d'une autre... Et voilà ce que c'est que notre colonel... un aristocrate à l'envers !

Après cette énergique conclusion, Géranium battit le briquet pour rallumer sa pipe, attendu que sur les entrefaites, le roulement fini, on avait éteint les chandelles.

— Le fait est, murmura Bec-de-Perdrix, que l'Enflammé n'a pas tort, des histoires comme ça, c'est compromettant... Il y a de quoi donner la colique au bataillon tout entier...

— Bon! et de deux! fit Géranium en haussant les épaules; mais personne ne put voir ce geste à cause de la profonde obscurité qui régnait dans la chambre.

L'Enflammé rentra et regagna à tâtons le lit qu'il partageait avec Géranium ; il était glacé par une incomparable frayeur; de deux minutes il ne put articuler un mot. Son frère d'armes le plaisantait d'un ton goguenard; mais enfin le pauvre soldat dit avec effort :

— Tout est perdu ! le sergent Bayonne était caché dans l'ombre à côté de la porte.

— Baste ! fit Géranium.

— Je l'ai vu deux fois ; en allant et puis en revenant.

— Comment! comment! comment? s'écrièrent de tous les lits des voix plus ou moins altérées.

— Rêvasserie ! dit Géranium en secouant la cendre de sa pipe.

Aussitôt le fumeur aspira fortement, en sorte qu'un point rouge brilla tout à coup et répandit une certaine clarté. A la lueur de cet éclair, l'on vit alors une forme humaine debout entre les deux rangées de lits.

La chambrée ne poussa qu'un cri parti de toutes les bouches.

L'Enflammé se renfonça dans les couvertures, Géranium sauta d'un bond par terre, et courut à la poursuite du fantôme;—mais la porte s'ouvrit et se renferma bruyamment au nez du grenadier en chemise.

— Le maudit espion était nu-pieds ! Que la peste l'étouffe.

— J'avais toujours dit qu'il nous ferait guillotiner, ce Géranium de malheur ! murmura l'Enflammé.

Il y eut à ces mots, par l'effet d'une réaction fort ordinaire, un débordement de récriminations contre le conteur. Les rieurs ou plutôt les pleureurs étaient tous maintenant pour l'Enflammé.

Géranium, accablé par le nombre, prit bravement le parti de s'endormir, et ses ronflements prouvèrent bientôt à ceux des soldats qui avaient autrefois connu Alain Gavésio dans Artois, qu'un grenadier peut avoir le timbre nazal aussi sonore qu'un voltigeur.

— Il a fait le coup et il dort ! murmura l'Enflammé qui ne ferma pas l'œil de la nuit.

Bec-de-Perdrix répliqua :

— Le grand Condé (c'est dans la Vie de Turenne) dormait de même la veille de cette grande bataille, — comme dit l'autre, — où les *késerliques* (1) et les *c'afale-chucrute* (2) prirent la poudre d'escampette en place de poudre à canon, histoire de se défriser, comme à Valmy.

— Ris donc aussi, toi! dit l'Enflammé avec colère, comme si c'était amusant d'être guillotiné !

Le bruit s'apaisa peu à peu.

Le lendemain les grenadiers de la chambrée étaient tristes à l'exception de Géranium, qui, pour les distraire, raconta l'histoire de **Quatorze l'homme fort**, *lequel tua le diable d'un coup de bonnet de police.*

Après ce nouveau récit, le grenadier ajouta :

— Mais s'il m'arrivait malheur z'à moi, z'-à-toi, z'où à n'importe qui de nous; j'en réponds ! ce ne serait pas d'un coup de bonnet que je démolirais le sergent Bayonne.

Après la parade, à deux ou trois jours de là, au moment où Géranium, l'arme à volonté sur l'épaule, allait remettre son fusil au ratelier, le sergent lui barra le chemin.

— Grenadier, dit-il, va et reviens ici, on a deux mots à te communiquer.

(1) Les Hollandais. — (2) Les avale-choucroûte, les Allemands.

— Hum ! fit le vieux soldat qui répondit militairement :
— Bien, mon sergent, minute, je suis de retour.

Le cœur du grenadier battait plus vite que de coutume, lorsqu'il replaça son fusil à poste, après avoir soigneusement essuyé le canon et la batterie.

L'Enflammé, Bec-de-Perdrix et quelques autres remarquèrent que, contrairement à son usage, Géranium remplit ce devoir sans ouvrir la bouche et qu'ensuite il dégaina son sabre, en examina la pointe et le tranchant, retroussa sa moustache, assura son tricorne sur l'oreille et sortit d'un air pensif.

Dans la cour de la caserne, Géranium retrouva Bayonne qui l'attendait :

— Voici, mon sergent !

— Grenadier, il m'est venu une idée à ton sujet, je te propose la goutte à la cantine pour te la faire connaître plus commodément.

On n'a pas l'intention de reproduire textuellement les paroles du sergent; car ce n'était ni du jargon de soldat, ni du patois, ni du français; mais une sorte de charabias *sui generis* tenant un peu du gascon et même de l'espagnol.

Quand le sous-officier et le soldat furent attablés à la cantine, et que les petits verres furent versés :

— Camarade ! dit le premier, je suis persuadé que le galon de caporal figurerait avantageusement sur ta manche.

Géranium fit un mouvement de surprise, se donna le temps de la réflexion, supposa successivement que le sergent voulait l'empoisonner, l'enivrer, l'amener à parler imprudemment ou le corrompre, et enfin qu'on lui proposait de l'avancement pour rendre sa dégradation plus éclatante.

— Doucement! citoyen sergent, dit-il alors en replaçant

le petit verre sur la table au lieu de trinquer, doucement !
Géranium est un fils de Mars et de la gloire. Un soldat républicain n'est pas ambitieux.

— Cependant, camarade, quand on est grenadier on peut passer caporal.

— Ça s'est vu ! dit Géranium.

— Mais bois donc.

— Pardon, excuse, mon sergent, j'ai un rat dans la gorge...

— Un petit verre l'étouffera.

— Ce n'est pas mon sentiment, je préfère la réglisse.

— N'importe ! dit Bayonne, mon sentiment, à moi, c'est que tu es le meilleur troupier de la compagnie.

— Ça se pourrait, murmura le grenadier flatté du compliment.

— Un peu aristocrate, c'est vrai ; mais au feu, il n'y paraît pas !...

Géranium porta la main à la garde de son sabre ; le sergent poursuivit :

— ... Je ne suis pas causeur, ni conteur, comme toi ; tu as mal de gorge et tu blagues à la chambrée : j'ai la gorge saine et je me tais... Mais que diable fais-tu là ?

— Je pensais qu'il a plu hier, et que je n'ai pas encore graissé la lame de mon sabre..... La bourgeoise ! un bout de chandelle ! cria Géranium en posant son briquet entre les deux petits verres, sans lâcher la poignée.

Il fronçait les sourcils et regardait fixement le sergent Bayonne, qui sourit en dessous..

— *Sentinelle, prenez garde à vous !* pensait Géranium tout en frottant sa lame avec un bout de suif.

Le sergent reprit :

— Ce que je puis te dire, camarade, à condition que

tu en garderas le secret, c'est que j'ai parlé de toi au colonel...

— Ça ne m'étonne pas, s'écria Géranium d'un ton menaçant.

A ces mots le grenadier se leva, serrant toujours la poignée de son arme; mais le sergent, sans paraître y prendre garde, termina en disant :

— Et demain tu recevras les galons de caporal; à ta santé, Géranium !

— Est-ce qu'on m'ôtera de la compagnie?

— Non ! tu restes aux grenadiers.

— Merci de la nouvelle, sergent... Mais, le cœur sur la main, je n'y tenais pas, je n'ai pas d'ambition.

— Je croyais que si, dit Bayonne; l'avancement des *charabias* comme moi te chiffonnait...

— Qui vous a dit ça ?

— Supposition de ma part !

— Un grenadier ne doit pas donner un démenti à son chef, dit Géranium d'un ton résolu, sans quoi j'aurais pensé tout haut, comme je pense tout bas, qu'il y a des espions dans la colonne de la Meuse.

— Ça dépend de ce qu'on appelle *espion*, répondit le sergent d'un ton d'indifférence affectée.

— Celui qui écoute aux portes, et qui va répéter à l'autorité ce que le soldat dit le soir à la chambrée entre soi.

— Ah !... fit Bayonne ; c'est bon !

— Quoi est bon? demanda Géranium dont l'émotion croissante était visible même pour la cantinière.

— Je dis que si l'on n'est *espion* que quand on répète à l'autorité les paroles du soldat, c'est bon à savoir...

— Tiens ! ah ! fichtre ! tout de même ! curieux ! pensa Géranium.

On battit *aux sergents* en ce moment, Bayonne se leva, et tendit la main au grenadier en lui disant : — Adieu! caporal, bonne chance, le service m'appelle.

Puis il paya, et sortit.

Géranium, anéanti, retomba sur son siége, s'accouda en face du petit verre encore plein, réfléchit longtemps, et ne but décidément son coup d'eau-de-vie déjà payé, qu'après avoir chantonné entre ses dents :

La mort ne fait peur qu'aux sots ;
Qu'importe l'enclos.
Où blanchiront nos os.
Pour le repos !

— Après tout, peut-être que le sergent n'était pas le fantôme, ajouta-t-il avant d'aller retrouver ses camarades Bec-de-Perdrix et l'Enflammé.

Ce jour-là, la séance du club patriotique de Vannes fut extrêmement orageuse.

VII.

PIMENT-T-HOMME.

— Non, le corsaire le *Passe-Partout*, commandé par maître Mathieu Piment du *Diadème*, n'est pas plongé dans *les mers ténébreuses de l'oubli*. Il est, à la vérité, redevenu simple caboteur, mais c'est à la plus grande gloire de son brave patron.

A peine le chasse-marée était-il converti en lougre, qu'il gagna le large avec un formidable équipage. Les premiers jours de croisière furent heureux, maître Piment enleva successivement quatre gros bâtiments marchands anglais, qu'il vendit aussitôt pour le compte de ses armateurs et de ses compagnons. Mais alors jugeant qu'un joli brig vaudrait mieux, pour continuer la course, qu'un chasse-marée mal dégrossi malgré tous ses soins, il acheta une charmante coque alors en construction à Morlaix, prit une grosse part dans l'armement grâce au fructueux rapport de ses précédentes sorties, conserva le nom *Passe-Partout* à son nouveau navire, et s'élança de rechef à la poursuite des brigs et trois-mâts anglais.

Il croisait tout le long des côtes de Bretagne, qu'il connaissait en vrai pilote; il fit capture sur capture, et son premier bateau étant toujours à ses ordres, il l'envoya vendre plusieurs riches cargaisons tant à Sarzeau qu'à Vannes, où le nom du *capitaine-corsaire* Piment fut bientôt en grand honneur.

L'ex-maître de manœuvre prêta un jour le flanc à une goëlette de guerre ennemie qui, suivant son énergique expression, *fit un trou dans l'eau*, c'est-à-dire coula par le fond.

A Brest, où il revint après cet exploit, c'était à qui embarquerait sous les ordres du vaillant marin.

Mathieu Piment, ayant le choix, composa particulièrement son équipage de gens de Sarzeau et d'anciens de la *Constitution*. Tous ces matelots avaient coopéré à la délivrance du vicomte de Kerbozec, ou livré combat aux sans-culottes dans le quartier maritime de Vannes. On ne criait jamais : *Vive la République!* ni *Vive la Nation!* à bord du brig le *Passe-Partout*, mais on ne s'en battait pas plus mal contre les Anglais; du reste, les couleurs tricolores flottaient à la pouppe.

Arrache-Tout remplissait les fonctions de premier maître, et jouissait de la confiance absolue de Mathieu Piment.

L'hiver devenant de plus en plus rude, les coups de vent se multiplièrent, le commerce allait assez mal, mais d'ailleurs l'escarcelle de chacun était bien garnie; notre corsaire résolut d'aller hiverner dans son pays et mit le cap sur la petite mer, en breton *mor-bihan*.

A cette époque, malgré la résistance de la garnison aux émeutes des terroristes qui venaient pousser des cris de rage autour de la prison pleine de nobles, de prêtres, de modérés, de suspects, la masse de la population fraternisait, et pour causes, avec la colonne révolutionnaire de la Meuse.

C'était très-naturel, en raison de l'état inquiétant des campagnes; et, du reste, la colonne, complétée à Paris avec des volontaires de la nation, méritait généralement les sympathies des révolutionnaires. Le soldat allait volontiers bras-dessus bras-dessous avec les sans-culottes. Le colonel surtout faisait de la popularité.

Or, de chef de corps à fournisseur, une multitude d'excellents rapports peuvent s'établir à huis-clos; le citoyen Famine, chargé de pourvoir à la chaussure et à l'équipement en baudriers, ceinturons, gibernes, fourreaux de sabres ou de baïonnettes, etc., fit la judicieuse réflexion que le colonel deviendrait son *palladium*, si toutefois il n'était pas *incorruptible*.

En conséquence, un grand dîner offert par l'un fut accepté par l'autre. Que se passa-t-il ensuite? On peut le supposer. Toujours est-il qu'au moment où Géranium allait rejoindre Bec-de-Perdrix et l'Enflammé dans la cour de la caserne, le citoyen Famine, en compagnie du colonel, faisait son apparition sur la grand'place de Vannes, où tonnait en ce moment le citoyen Brutus, marchand de cuirs, et l'ennemi le plus acharné du tanneur-corroyeur.

— « La Patrie est en danger, disait l'orateur, étouffons donc les traîtres qu'elle nourrit du plus pur de son lait. Prouvons que le plus sacré sans-culottisme coule à flots dans nos veines de citoyens. Français républicains, l'arbre de la liberté nous prête son ombrage. Il étend ses rameaux sur nos fronts coiffés du glorieux bonnet rouge! Plus de palais, plus de trônes, plus de rois! L'ère de l'égalité commence.

» Mais ce n'est pas assez d'avoir déblayé les villes et leurs abords, il faut s'avancer dans le pays, il faut châtier les aveugles séides du despotisme et de la superstition. Ils sont fanatiques des chimères de l'absolutisme et des croyances ridicules que des prêtres corrupteurs entretiennent dans leurs esprits stupides. Montrons-nous épris de liberté, d'égalité, de raison. » Mort aux aristocrates!...

» Ce n'est pas tout encore, citoyens, il y a parmi nous des faux frères, des lâches qui transigent avec leurs devoirs! des misérables qui ne sont pas à la hauteur de leur mission! Ecoutez! » — Ecoutez! écoutez!...

Déjà quelques voix nommaient Famine, et l'on allait pousser des vociférations contre lui, lorsqu'il se montra donnant le bras au colonel.

— Vive le colonel La Patrie!... cria-t-il le premier.

Les agents particuliers du membre de la commune, mêlés à la foule, et qui depuis plusieurs jours le tenaient au courant de tout, répétèrent à qui mieux mieux : — Vive le colonel La Patrie !

Famine était pâle, il venait jouer sa tête à la tribune populaire ; — mais acculé par la nécessité comme un cerf aux abois, il avait résolu d'opposer la même résistance que des représentants célèbres opposèrent maintes fois à la formidable tribune de la Convention; aussi prenant la parole :

— Citoyens! je viens vous apporter une bonne nouvelle! dit-il du haut d'un banc. Le colonel La Patrie, sur la décision des membres du district révolutionnaire de Vannes, va commander une expédition sérieuse dirigée contre le manoir de Rosven et la commune Ermel, déjà signalés à l'animadversion publique. — La gendarmerie, la ligne et la garde nationale réuniront leurs efforts ; nous nous sommes déjà mis en rapport avec les patriotes de Ploërmel et de Josselin; les républicains du Morbihan se concertent aujourd'hui pour écraser les lâches sectaires de la perfidie! Aux armes donc! citoyens! Je veux marcher à votre tête avec le brave colonel à qui j'offre l'accolade en signe de fraternité et de sans-culottisme.

Ce discours, suivi d'un embrassement public, réduisit au silence le citoyen Brutus et ses principaux acolytes. La masse flottante, qui tout à l'heure allait pousser des cris de mort contre le gros patriote, revint à lui avec enthousiasme; les épithètes de *lâche*, d'*ivrogne* et d'*accapareur* furent étouffées par des vociférations après lesquelles le colonel prit la parole.

On ne rapportera ni son discours, ni ceux qui suivirent, — car en ce temps de délibérations populaires, il arrivait souvent que le même texte fût rabâché dix fois de suite par des orateurs différents, ce qui rappelle ces chœurs d'opéra où une troupe martiale chante pendant vingt minutes consécutives, au moment de la péripétie :

En avant ! le temps presse....

— Ne nous pressons pas! dit Géranium à ses camarades; quand on battra le rappel il sera toujours assez tôt pour rallier la caserne.

Au milieu de la foule se trouvait un vieux mendiant qui par moments poussait quelques cris et agitait son chapeau, chargé d'une vaste cocarde tricolore.

— Ça va mal! ça va mal! pensait-il; mais ils sont prévenus; ils se tiennent sur leurs gardes, le paysan n'est plus aussi mouton que l'an passé. On commence à se dire dans le pays que les chouans du Maine sont des braves..... Je n'ai pas besoin d'aller tout droit à Rosven. Voyons un peu si je puis être bon à autre chose.

Le messager boiteux, malgré son âge et sa béquillle, eût été de force, s'il l'avait fallu, à se rendre à Rosven avant le jour suivant,—attendu que le digne homme n'était boiteux que pour demauder l'aumône. Sa plaie artificielle, bonne à étaler les jours de pardon et de fêtes paroissiales, se cicatrisait depuis qu'il se mêlait de politique ; sa besace et sa béquille n'étaient désormais que les insignes de son existence vagabonde.

Au demeurant, Morvan-Béquille mérite l'épithète d'honnête homme; la charité publique était son patrimoine. Il était boiteux et mendiant; et par droit de naissance : car son père, son grand'père, son bisaïeul avaient mendié et boité avant lui; et par droit de conquête : car il s'était fabriqué une véritable plaie pour les besoins de sa profession. Décidément il faisait son métier en conscience. Il mettait plus de conscience encore à travailler à l'œuvre contre-révolutionnaire, et certes il eût bien préféré porter le deuil du *marquis* de La Rouarie que la cocarde tricolore; mais il faut hurler avec les loups;—c'est pourquoi Morvan hurlait sans rien perdre de ce qui se passait et en ruminant sur les événements du jour.

Plusieurs expéditions assez semblables à celle qui s'était terminée par le pillage et l'incendie de Kermarek, avaient eu pour résultat d'exaspérer de plus en plus les populations des campagnes, qui songeaient sérieusement à user de représailles.

Toutefois, la goutte d'eau qui devait faire déborder le vase de la colère des paysans, fut la nouvelle de la levée de 300,000 hommes, décrétée par la Convention le 24 février 1793.

Non contente d'avoir porté de graves atteintes à leurs croyances religieuses et à leurs affections monarchiques, non contente de les avoir blessés dans les personnes de leurs seigneurs châtelains, la Révolution étendait le bras sur la chair de leur chair et le sang de leur sang.

— Plus de Roi ! eh bien ! plus de lois ! nous ne marcherons pas.

Tel fut le cri des gens des campagnes. Dans quelques villages on répondait ironiquement aux réquisitionnaires :

— Nous marcherons tous !

Morvan-Béquille, qui, le premier a répandu la nouvelle du décret conventionnel, sait bien que ce n'est plus seulement autour de Rosven, mais dans toutes les paroisses de Bretagne que le feu de l'insurrection couve sous la cendre.

Les révolutionnaires ont encore l'imprudence de l'attiser. Des cris de fureur partent de tous les coins de la place. Des trépignements et des bravos frénétiques interrompent à chaque instant le démagogue dont l'éloquence triviale paraphrase les discours du citoyen Brutus, de Famine et du colonel La Patrie. Caïus Torquatus, Publicola, Fraternité, Concorde et plusieurs autres non moins fameux ont péroré tour à tour.

— Tas de bavards! murmure Géranium dans son coin.... Ah ça! qu'est-ce donc que ce Rosven dont ils parlent tant?

— Silence! pour l'amour de moi!... ou allons-nous-en, interrompit l'Enflammé. Brûlons, saccageons, battons-nous, j'en suis!... Mais à Vannes leur guillotine me donne la chair de poule.

— Et le fantôme!... dit Bec-de-Perdrix; c'est, je gage, le sergent Bayonne.

— Je n'en sais rien, répondit Géranium dogmatiquement. Nous avons causé ensemble tout à l'heure le sergent et moi; j'ai changé d'avis.

— C'est égal, si c'est un espion du colonel, nous sommes frits, toi le premier, dit Bec-de-Perdrix.

L'Enflammé montra du doigt le sergent Bayonne, qui se faisait jour à travers les révolutionnaires pour prendre les ordres du colonel.

— On va battre le rappel! et en route! Demain il fera jour! dit Géranium.

Mais au moment où le colonel se penchait vers son sergent, des cris et des chants tumultueux se firent entendre à l'autre extrémité d la place.

Une foule compacte de gens de mer montant du port et des bas-quartiers, arrivaient, drapeau tricolore déployé, chantant tous des airs patriotiques différents. Ils criaient :

— A bas les Anglais ! Vive la république! vive le capitaine Piment et le *Passe-Partout* !

Le capitaine Mathieu Piment, l'homme du *Diadème*, porté en triomphe par les gens du port, était suivi par maître Arrache-Tout et par une multitude d'hommes, de femmes et d'enfants composant la population maritime de Vannes.

Des vielles, des binious, des grosses caisses et des mirlitons précédaient le triomphateur. Puis venait un marin portant un drapeau sur lequel étaient écrits au charbon et sans orthographe, les noms des prises faites par le vaillant corsaire.

— Hum ! se dit Morvan-Béquille, j'ai vu cette tête-là quelque part.

— Ho! ho! s'écria aussi Géranium, j'ai connu ce marin-là je ne sais où.

— Pas moi, dit l'Enflammé qui n'avait pas servi dans Artois.

— Mais si bien, moi, reprit Bec-de-Perdrix, ancien soldat de la compagnie dont Montreuil était lieutenant. C'était ci-devant le maître d'équipage du ci-devant vicomte Kerbozec, à bord duquel nous étions avec le ci-devant premier bataillon du ci-devant régiment d'Artois.

— Bien parlé ! dit un sans-culotte qui d'aventure avait entendu Bec-de-Perdrix.

Géranium n'osa point lever les épaules, mais il se permit une grimace que l'Enflammé trouva *compromettante*.

Toutes les autorités administratives, militaires et maritimes du département du Morhiban, tous les membres de la municipalité, du directoire et du tribunal, tous les notables, en un mot, se trouvaient rassemblés maintenant autour du citoyen Famine et du colonel. La populace, qui d'instinct reconnaît toujours un pouvoir quelconque, ouvrit passage au cortége maritime. Maître Piment fut déposé en face du gros patriote, dont l'influence chancelante venait se rétablir grâce à ses *bonnes relations* avec le colonel La Patrie.

Le chef de la section des *Vieux de la Cale*, celui qui portait le drapeau tricolore, étendit le bras et commença la fidèle narration des exploits et des courses maritimes du capitaine Piment.

— Citoyen capitaine, répliqua Famine, tu as bien mérité de la patrie, tu vas recevoir la récompense de tes hauts faits..... Citoyens! je fais la motion qu'un nom tiré des annales de la République romaine soit décerné par acclamation au brave citoyen capitaine du *Passe-Partout*!

— Approuvé! bravo! s'écrièrent tous les sans-culottes.

— Ils veulent me débaptiser, et ils appellent ça une récompense! dit Mathieu Piment à maître Arrache-Tout. Le Roi m'avait surnommé l'*Homme du Diadème*; voyons comment ces bonnets rouges vont s'y prendre.

Les autorités se consultaient pour trouver un nom convenable, on pensa bien à Brutus, Cassius, Agricola et autres, mais déjà les carrefours en étaient peuplés; on consulta le censeur de l'Ecole civique centrale; on lui demanda le nom d'un corsaire célèbre de la république romaine.

— Je ne connais que Pompée, mais il ambitionnait la dictature!

— Moi, d'abord, je ne veux pas m'appeler *Pompez!*, s'écria Piment, ce nom-là me porterait malheur! On ne pompe que quand on a des voies d'eau. *Capitaine Pompez!* le joli baptême! Ça serait capable de me faire couler par le fond.

— Il est superstitieux, dit dogmatiquement le citoyen Famine, mais pardonnons quelque chose à la Gloire.

Le pédagogue révolutionnaire, après s'être bien creusé la tête, proposa les noms d'*Amilcar* et d'*Asdrubal*, fameux pour avoir commandé les flottes carthaginoises.

— Les Carthaginois furent les Anglais de leur siècle, nous sommes les Romains du nôtre! interrompit le commissaire de la marine.

— Je ne veux pas un nom d'Anglais, s'écria encore Piment avec véhémence, mais appelez-moi *Pimentus* (1) et que ça finisse!

— *Pimentus*, *Pimenta* ou *Pimentum*, à ton choix, brave capitaine-corsaire, s'écria le colonel La Patrie que cet incident amusait.

— *Piment-t-homme!* ça me va; je suis un homme, moi! Et ce ne sera pas la première fois qu'on m'appellera de même.

Le colonel étouffa un éclat de rire, tandis que le citoyen Famine décernait solennellement le nom de *Pimentum* à Mathieu-Piment, l'homme du *Diadème*.

Alors le triomphateur se perdit modestement dans la foule; un dernier discours lui apprit que Rosven était menacé.

Morvan-Béquille se rapprocha pour lui dire à l'oreille:

— Le commandant Kerbozec y est avec son frère et ses

(1) Lisez: *Pimantus*.

deux neveux et le bonhomme : je suis Morvan-Béquille qui, dans les temps, a fait le voyage de Sainte-Anne à Saint-Ermel avec vous.

— Diable! fit le marin, Rosven est loin; c'est égal! on verra!

Le mendiant n'attendit pas cette réponse pour disparaître; car l'affaire de Lorient et celle du château de Brest étaient parvenues jusqu'à lui. Mais auparavant il avait entendu le capitaine-corsaire donner à son compagnon le fameux nom d'Arrache-Tout, et il s'était appliqué à bien examiner le colossal matelot, pour le reconnaître au besoin.

— En route! maître, dit le capitaine *Pimentum*; voici la nuit; ils ont dit que leur campagne était remise à demain. Allons à bord! j'ai tiré un plan!

Les deux marins furent bientôt abordés par les trois grenadiers. Géranium et Bec-de-Perdrix renouvelèrent connaissance avec le capitaine Piment; l'Enflammé ne craignit point de se compromettre en le louant d'avoir brossé les Anglais. On but un coup ensemble. On fut amené à parler du *Lys* et du commandant Kerbozec.

— C'est, dit Mathieu Piment, comme vous savez, l'oncle de votre ancien lieutenant d'Artois, M. Ermel de La Faugerais, qui passa à notre bord avec vous. Paraîtrait que, pour le quart d'heure, ils sont ensemble à Rosven, ce manoir que vous irez attaquer demain. L'Enflammé recommença de trembler. Géranium jura d'étonnement. Arrache-Tout n'y comprit pas grand'chose.

Quant au capitaine *Pimentum*, il resta sur la réserve, dit le bonsoir à ses nouveaux amis, laissa percer le désir de prendre part en amateur à l'expédition projetée, et se fit accuser d'ingratitude par le caporal de grenadiers en expectative

— On me commande, il faut bien que je marche, moi, dit Géranium; mais si j'étais mon maître, ma clarinette de cinq pieds ne cracherait jamais contre des particuliers comme le commandant Kerbozec et le lieutenant La Faugerais !

A ces mots l'Enflammé prit la parole avec colère :

— Non! je t'aime bien, Géranium, depuis le vieux temps quand tu étais tambour et moi fifre dans Turenne... mais, foi de soldat, faudra nous aligner l'un contre l'autre.

— Ah! fit Géranium.

— J'aime mieux que tu me passes ton sabre dans le ventre ou même te loger le mien à travers le corps que d'être guillotiné; c'est mon sentiment.

Géranium et Bec-de-Perdrix riaient encore, quand le sergent Bayonne se dressa devant eux, sans qu'on sût d'où il sortait. L'Enflammé glissa sous la table et resta sans mouvement.

— Géranium, mon camarade, dit le sergent, l'affaire est claire à présent, je te cherchais pour te dire qu'avant de partir tu seras nommé en tête de la compagnie.

— Nommé qui? nommé quoi? demandèrent Bec-de-Perdrix, Arrache-Tout et Piment.

— Caporal dans les grenadiers du premier bataillon pour vous servir, dit Géranium.

— Et il ne le disait pas!.... Tu sais donc te taire quand tu veux?... C'est étonnant !

— Hum! fit le futur caporal en examinant le sergent; mais celui-ci inspectait à son tour Piment et Arrache-Tout.

On finit cependant par se séparer.

Un autre homme, caché derrière la porte du cabaret, avait tout vu et tout entendu, c'était Morvan-Béquille. Il avait remarqué que le sergent Bayonne, appuyé contre un pilier, ne s'était montré qu'au moment où le capitaine-corsaire avait commencé à se mettre sur la réserve.

— Allons à bord du *Passe-Partout*, pensa-t-il, faut que Mathieu Piment soit bien prévenu.

Ce disant, le boiteux mit sa béquille sur l'épaule, allongea le pas et descendit au port. Il rattrapa ainsi Arrache-Tout et Piment au moment où ces derniers embarquaient dans leur canot.

— Ah! encore vous! dit le capitaine qui, malgré son genre marin et la coutume républicaine, ne tutoya pas le mendiant.

— Oui, encore moi! est-ce tant pis?

— Non! c'est tant mieux; je suis bien aise de vous consulter.

— Et moi j'ai beaucoup de choses à vous dire.

— A terre? demanda le corsaire.

— La terre a bien des oreilles, dit le mendiant.

— Embarquez donc, père Béquille. Pousse au large! matelots! avant-partout!

Le canot s'enfuit dans l'ombre. Au même instant la retraite battait et les grenadiers rentraient à la caserne

VIII.

AVANT LES COMBATS.

Sarzeau, le bourg natal du capitaine Mathieu Piment et de la plus grande partie de son équipage, n'est situé qu'à trois ou quatre lieues de Vannes. Pour s'y rendre la brise et la marée étaient favorables ; — mais, circonstance plus favorable encore aux projets du brave corsaire, il faisait nuit close.

Après un quart d'heure de conférence avec Morvan-Béquille, un canot qui portait le capitaine, le mendiant et une vingtaine de marins du pays, armés jusqu'aux dents, déborda du brig le *Passe-Partout*. Les avirons bien garnis d'étoupe pour ne point faire de bruit, on le laissa dériver au gré du courant jusqu'à ce qu'on fût au large du bâtiment garde-côte. Puis, à force de voiles et de rames, on gouverna sur le bourg, où l'on arriva tout au plus une heure et demie après avoir poussé du bord. Les marins se dispersèrent aussitôt dans la petite ville. Par les soins de Morvan-Béquille, une quinzaine de chevaux furent trouvés, loués, bridés et conduits à l'entrée de la route de terre. Les matelots allèrent revoir leurs familles et jeter l'alarme. Bientôt après, une affluence considérable de pêcheurs et autres gens de mer couvrait la plage; dix heures du soir sonnèrent à l'horloge de Sarzeau.

Alors la population se divisa en trois fractions inégales.

Une quinzaine de corsaires, après avoir reçu les instructions de Mathieu Piment rejoignirent Morvan-Béquille, enfourchèrent les montures préparées pour eux et partirent au galop.

Un nombre un peu plus fort de jeunes gens de Sarzeau prit leur place dans le canot du *Passe-Partout*, qui regagna le large avec le capitaine.

Le reste des riverains se répandit dans les campagnes, si bien que, pendant la journée suivante, des groupes armés furent aperçus dans diverses directions le long de la côte, sur la route d'Elven, du côté de Malestroit, jusqu'à dix ou douze lieues dans l'intérieur des terres.

Longtemps avant le lever du soleil, le canot de Mathieu Piment était de retour à bord avec les vingt nouveaux marins qu'il venait de recruter.

Au jour naissant, la cavalerie maritime, guidée par Morvan-Béquille, apparaissait à l'extrémité de la lande Sans-Fin. Malgré l'allure grotesque de cette troupe, qui arrivait à bride abattue en poussant des cris de joie, une fausse alerte eut lieu; mais Ermel reconnut, le premier, Morvan brandissant sa béquille, au bout de laquelle flottait un mouchoir blanc.

Les cavaliers, pour la plupart, se tenaient à la queue et à la crinière de leurs montures.

— Quel coup de cape! disait l'un.
— Quel roulis! ajoutait l'autre.
— Dis donc tangage; on te prendrait pour un terrien.
— Bon! voici que je sombre! s'écria un quatrième cor-

saire, dont le cheval, arrêté par un fossé, butta et roula sous lui.

La plupart des matelots firent des chutes semblables ; presque tous avaient leurs culottes déchirées jusqu'au genou, les mollets écorchés par la boucle de l'étrier, et quelques avaries de second ou de troisième ordre ; — c'est égal : ils étaient allés comme le vent, s'étaient amusés comme des princes, et se trouvaient dans des dispositions d'autant meilleures que déjà les Gavésio, les Poulglaz et les Bastin sympathisaient avec eux en débouchant le cidre.

Plusieurs corsaires avaient servi sous le commandant Kerbozec; tous le reconnurent pour leur chef avec enthousiasme. Provisoirement, on les invita à revêtir le costume de Saint-Ermel, afin qu'ils ne fussent pas reconnus par les républicains pour gens du *Passe-Partout*.

Morvan-Béquille s'était chargé de rapporter tout ce dont il avait été témoin. Il n'omit pas de parler de la colonne de la Meuse, des trois grenadiers rencontrés par Piment et du sergent Bayonne, qui avait si fort effrayé par sa présence inattendue le timide l'Enflammé.

Aux noms de Bec-de-Perdrix, Géranium et l'Enflammé, Ermel, péniblement affecté, dit à demi-voix :

— Faudra-t-il donc encore faire feu sur de braves gens qui nous ont sauvé la vie ?

Francésa, placée près de lui, baissa tristement la tête.

L'on était en ce moment dans la salle basse de Rosven, en présence du bonhomme Jean-François et de tous les membres de la famille.

Morvan-Béquille, fort loquace de nature et de profession, entrait dans les plus minutieux détails. L'esprit des autorités, l'opinion des bourgeois et des gens du peuple, les sentiments de la garnison, les préparatifs, les obstacles, les chances bonnes ou mauvaises pour les Chouans — (déjà le nom de Chouans commençait à se répandre),—il savait tout, il parlait de tout, et à mesure qu'il parlait, ses longs cheveux blancs s'agitaient sur ses haillons; parfois il brandissait sa béquille convertie en étendard.

Les fermiers et les serviteurs qui se trouvaient dans la salle, l'admiraient. Les maîtres le questionnaient avec soin, il n'était jamais en défaut;—son coup-d'œil et ses avis ne furent pas inutiles dans les graves conjonctures où l'on se trouvait. Il peignit le colonel La Patrie aussi bien qu'aurait pu le faire Géranium lui-même, quoiqu'il ignorât la biographie du ci-devant chevalier du Genêt. Il dit qu'en général la troupe était furieuse et avide de pillage, mais que cependant quelques vieux soldats détestaient les sans-culottes et ne les servaient qu'à contre-cœur.

Déjà plusieurs gendarmes du côté de la Roche-Bernard avaient déserté, ajouta-t-il, et passaient du côté des paysans en attendant l'insurrection.

Sans rien faire oublier d'essentiel, ces rapports captivaient l'attention des hôtes de Rosven.

On se savait de beaucoup en avance sur les républicains; mais ce n'était pas une raison pour perdre un seul instant. En conséquence, après en avoir conféré avec Armand, Hilaire et le vicomte de Kerbozec, Ermel envoya des émissaires dans les paroisses, manoirs et gentilhommières des environs. Les sentinelles de toutes les avenues, des fossés et des bois furent doublées ; le tocsin appela aux armes la population entière. Le curé de Saint-Ermel fut invité à venir au manoir ; et les femmes dressèrent dans la cour même de Rosven un autel où le saint sacrifice de la messe devait être célébré en présence de tous les défenseurs du pays.

Cependant, à Vannes, dès le point du jour, le premier

bataillon de la colonne de la Meuse prit les armes, et, avant de partir, Géranium reçut les galons de caporal.

— Ceci, pensa-t-il en les attachant sur sa manche avec des épingles, faute d'avoir le temps de les coudre, ceci ressemble diablement à la tentation de saint Antoine. Le fils de mon père fera bien de tenir solidement son bonnet.

L'Enflammé n'était pas rassuré, tant s'en faut; les avances du sergent Bayonne à son camarade de lit l'inquiétaient toujours; mais il se tranquillisait un peu en songeant qu'on allait au feu et qu'une balle pouvait le mettre à l'abri de la guillotine ou le débarrasser du sergent Bayonne.

Il se posait ce judicieux dilemme :

— Si j'y reste, bleu de ciel! ils ne me couperont plus le col. S'il y reste, gris de fer! il ne jasera plus, et même il n'espionnera guère, tout fantôme qu'il est.

Bec-de-Perdrix avait préalablement établi, par un raisonnement non moins remarquable, que le sergent Bayonne était le fantôme de la chambrée; depuis la promotion de Géranium aux grades et fonctions de caporal, les avis des autres vieux soldats se trouvaient fort partagés.

Le colonel La Patrie ayant laissé le commandement de son second bataillon au plus ancien des officiers supérieurs du corps, prit, suivant sa déclaration de la veille, la direction supérieure de la colonne expéditionnaire, composée de son premier bataillon, d'un fort peloton de gendarmerie et d'un détachement de gardes nationaux. Une masse de sans-culottes, les uns de la section du Citoyen Libre, les autres de la section des Vieux de la Cale, s'adjoignirent à la troupe.

Le capitaine *Pimentum* et maître Arrache-Tout suivaient en amateurs, ayant chacun deux pistolets de calibre et un sabre en ceinture; le premier brandissait une hache d'abordage fixée au bout d'une pique de sabord, arme assez semblable par la forme à la hallebarde d'un suisse de paroisse; le second avait préféré un levier de fer, qu'un héros d'Homère eût été seul capable de manier.

L'herculéen Arrache-Tout faisait le moulinet avec cette massue, et se donnait des airs de tambour-major.

Le petit capitaine-corsaire et son colossal compagnon avaient du reste chacun un sifflet de manœuvre pendu au col. Pour le dernier c'était l'instrument indispensable, puisqu'il était maître d'équipage à bord du *Passe-Partout*; l'autre, par l'effet d'une vieille habitude, ne se séparait jamais de son cher rossignol d'argent, don du commandant Kerbozec.

Avant de descendre à terre, Mathieu Piment rassembla ses gens, remit l'autorité entre les mains de son second et déclara publiquement qu'il consignait tout le monde, par nécessité, jusqu'à nouvel ordre. On ne murmura pas trop de cet arrêt, la tolérance du capitaine étant extrême d'ordinaire. Enfin le brig fut laissé en appareillage, c'est-à-dire en position de prendre immédiatement le large.

Quant au citoyen Famine, affectant le genre d'un représentant de la Convention, il ceignit une large écharpe tricolore, s'affubla d'un armement militaire, arbora sur son bonnet rouge une énorme cocarde et entonna la *Carmagnole*. Le farouche républicain n'oublia pas cette fois un fourgon de provisions de bouche pour lui, le colonel et les officiers, et ne négligea point le liquide, bien entendu.

Par une superbe matinée de mars, — le soleil de Brétagne cette fois avait ôté son masque brumeux, — les patriotes se mirent en route.

A huit heures du matin, on laissait sur la droite les ruines de Kermarek; à cinq heures de l'après-midi, ou se trouvait dans une vaste lande entourée de bois.

Le colonel s'informa pour la dixième fois de la distance qui le séparait encore de Rosven et d'Ermel-commune : d'après les guides, on en était à une lieue de pays.

— Allons! allons! dit-il avec humeur, nous n'y serions pas avant la nuit!.... il faut camper ; demain nous attaquerons.

Famine et ses patriotes avaient induit le militaire en erreur sur la distance ; les gendarmes consultés avaient bien dit qu'on n'arriverait pas à temps, mais les guides ne comptaient que huit lieues. Le colonel vit combien ces derniers le trompaient. Une fois en campagne, il rencontra des passages trop évidemment dangereux pour s'y engager à l'étourdie. On les tourna; on rechercha les terrains découverts, il fallut faire des circuits considérables. Bref, l'énorme lieue qui restait paraissait très-difficile à parcourir.

En allant tout droit, on se serait engagé dans les bois touffus du Ménec, rarement coupés de clairières, et venant aboutir à la lande Sans-Fin par une montée à pic. En prenant par la gauche, on descendait dans un sentier rocailleux, dominé durant toute sa longueur par des fossés escarpés et garnis d'arbres, on rencontrait un cours d'eau à mi-chemin, et un peu plus loin des marécages d'où les chevaux ne pourraient se dépêtrer. Par la droite enfin, la route beaucoup plus longue aboutissait non à Rosven, dont elle doublait les hauteurs, mais à Saint-Ermel, en face de l'église. Une partie du parcours était inculte et déboisé, mais des fossés longeaient le reste : de nuit, on était décimé, si l'on essayait de cette voie; car les défrichements retranchés se trouvaient aux abords de la paroisse.

— Citoyen colonel, s'écria Famine, ils ne nous attendent pas. Nous les surprendrons! Prenons le plus court.

— Citoyen tanneur, répliqua le colonel, que dirais-tu si je me mêlais de dogmatiser sur la corroyerie?

Le gros tanneur-corroyeur devint écarlate; mais il étouffa sous un sourire diplomatique la formidable épithète d'*aristocrate*.

— Je sais, citoyen colonel, que l'art de la guerre est ta partie; si je risquais un avis, c'était par pur sans-culottisme. —(Si tu m'en avais dit autant, il y a deux mois, pensa le fournisseur, ton affaire était faite, j'en réponds!)—Eh bien! si nous campons ici, permets-moi de t'offrir à souper.

— Je comptais parbleu bien que tu ne souperais pas sans moi, répliqua brusquement le colonel prédestiné à traiter de pékins beaucoup de gens plus recommandables que Famine.

— Despote militaire! murmura entre ses dents le gros proconsul à peu près dépopularisé.

Le colonel, en homme du métier, fit établir le campement dans la lande; les troupes bivouaquèrent, on fit du feu; et Géranium, qui savait utiliser les instants, profita de l'occasion pour coudre ses galons de caporal.

Une charrette chargée de vivres accompagnait la colonne; la distribution en fut régulièrement faite aux soldats. Quant aux sans-culottes, harassés de fatigue,—le cas n'étant pas prévu, ils n'auraient rien trouvé à manger, si les militaires ne leur avaient généreusement offert de partager la pitance.

Piment et Arrache-Tout rallièrent du côté de Géranium qui leur fit place au feu et à la gamelle, en se moquant plaisamment de leur zèle patriotique.

— On a eu beau te surnommer *Piment-t-homme*, disait le caporal de grenadiers, Famine te laisserait crever de faim comme dit son nom, tout capitaine-corsaire que tu es..... Quelle idée de bœuf aussi de venir faire la guerre aux Bas-

Bretons par terre, quand on a le bonheur de pouvoir la faire par mer aux Anglais! Les paysans d'ici, après tout, sont des Français, dam! comme vous et nous.

— Caporal Géranium, dit l'Enflammé à demi-voix, voilà encore que tu recommences! et à quatre pas de nous il y a des sans-culottes bourgeois !

— Parlez ! ne vous gênez pas ! dit Arrache-Tout sans tutoyer le caporal, si un de ces bonnets rouges y trouve à redire, je lui fais un moulinet avec ceci sur la mâchoire.

— Marin mon ami, sache bien que je n'ai besoin de personne pour me débarrasser d'un bourgeois, fût-il cinquante fois sans-culotte et même sans chemise.

Au plat de grenadiers, que Géranium présidait en sa qualité de caporal, il n'y avait que les camarades de la chambrée et les deux corsaires.

Les volontaires parisiens s'étaient chargés de donner la pâture aux patriotes de Vannes; mais les vieux soldats, par un sentiment de mépris peut-être, n'en ayant pas fait autant, l'on put causer assez à l'aise.

Toutefois, malgré de bons rapports que corroborait une vaste gourde de rhum mise en circulation par le capitaine Piment, on ne parlait pas tout à fait à cœur ouvert. Les corsaires gardaient leur secret et les grenadiers pensaient tout bas qu'il était mal de la part de l'ancien maître d'équipage de Kerbozec d'aller dévaster Rosven.

La table des officiers, si l'on peut donner un tel nom à un caisson de cartouches posé à terre, fut largement défrayée par Famine, dont le nom, antithèse naturelle de sa qualité d'amphitryon, fournit matière à nombre de jeu de mots.

Vers la fin du repas, le gros patriote, à moitié gris, devint le plastron du colonel, qui se vengeait ainsi de la nécessité de fraterniser avec la lie du peuple, — lui aristocrate de naissance, lui ancien officier du régiment de Turenne, — car, malgré ses vices, le ci-devant chevalier du Genêt rougissait d'être tombé si bas.

Autour des feux de bivouac allumés sur la lande, les soldats, pour passer le temps, chantaient, fumaient, jouaient aux dés, contaient des histoires, juraient à qui mieux mieux, ou faisaient chorus avec les sans-culottes, dont *la Carmagnole* charmait les ennuis.

Pour la première fois, mais non point, hélas! pour la dernière, les échos boisés de cette terre foulée par la cohorte républicaine répétaient les chants de massacres. Peu d'années auparavant, la lande du campement était visitée par les processions des Rogations et de la Fête-Dieu, car non loin de là se trouvait une croix de pierre dont la paroisse voisine,—celle de Saint-Gaël,—faisait toujours un reposoir. Maintenant la croix était abattue, et les féroces refrains de 93 retentissaient aux lieux où les Bretons en prière avaient si souvent confondu leurs voix dans de religieux cantiques.

Le matin même, dans la cour de Rosven, le prêtre avait béni les fidèles et le manoir et les terres d'alentour.

Quelques coups de fusil tirés par l'ordre d'Ermel annoncèrent aux paysans placés en observation sur la lisière de la forêt que l'auguste sacrifice commençait.

Sur le perron se tenait la famille de La Faugerais, hommes, femmes et enfants, tous, sans excepter le bonhomme Jean-François, qui avait voulu y être roulé dans son fauteuil.

A droite des maîtres, et au bas de l'escalier, se trouvaient les gens de la maison et des métairies. Pierre Gavésio, Alain le sergent, Malo, guéri de sa blessure, et Jean du Gavre figuraient au premier rang. A gauche, contre l'aile du manoir recouverte de chaume, on voyait Morvan-Béquille et les quinze marins du *Passe-Partout*, à qui le costume de campagnards et l'équipement de corsaires donnaient l'aspect le plus étrange. Le long de la douve et des palissades, les jeunes gens en état de porter les armes formaient des groupes armés de fusils, de fourches et de faulx ; plus loin, dans l'avenue qui mène à Saint-Ermel, tout le reste des habitants du bourg, dans une attitude recueillie, assistait à la messe, dite par le recteur.

Le *Domine, salvum fac Regem* fut chanté avec enthousiasme par la multitude, qui se savait menacée d'une attaque des républicains. Ce n'était pas sans quelques difficultés que le pasteur avait consenti à entonner ce chant religieux; mais cédant aux vœux de tous ses paroissiens, il venait ainsi de légitimer la résistance.

Le prône consista en conseils donnés par le prêtre à ses fidèles.

— Ministre de paix, disait-il, sa voix ne devait pas prêcher la guerre ; longtemps il avait essayé de calmer les esprits ; — mais, ajouta-t-il, non sans recommander d'éviter toute violence inutile, l'heure était venue sans doute où Dieu permettait qu'on eût recours à la voie des armes. Il s'inclinait devant les décrets de la Providence.

Les paroles modérées du pasteur persécuté, dépouillé de son bien et proscrit, touchèrent les corsaires eux-mêmes.

Quand la bénédiction eut été donnée pour la seconde fois, le recteur se retira; une nouvelle cérémonie eut lieu ; on allait distribuer des signes de ralliement. Une corbeille de cocardes blanches faites par les femmes du manoir fut apportée, Ermel prononça un discours bref mais énergique, auquel il fut répondu par les cris de : *Vive le Roi!*

Kerbozec et Mélite distribuaient des cocardes aux marins;

Hilaire et Louise aux paysans; Francésa s'était réservé d'en donner aux fermiers et aux serviteurs. Elle finit par Alain, et lui remettant une écharpe blanche, insigne de son grade parmi les Chouans :

— Alain, dit-elle, vous veillerez.. ... vous veillerez sur lui !

— Mademoiselle, répliqua le serviteur, il n'était pas nécessaire de me le dire..... On connaît Alain Gavésio.

Francésa, rouge de pudeur et les yeux humides de larmes, reprit doucement :

— Pardon, mon brave Alain, j'avais besoin de te l'entendre affirmer encore.

— Bien ! Mademoiselle ! c'est votre *promis*, mais c'est mon maître ; vous l'aimez, vous ; moi, je l'aime aussi ! demandez plutôt à Jeanne.

La brune fille de Jean du Gavre s'était approchée du voltigeur pendant qu'il causait avec la fiancée d'Ermel.

— Ah oui ! Mademoiselle, dit-elle en breton, j'en suis jalouse une fois le temps de votre M. Ermel, Alain donnerait pour lui trois Jeanne du Gavre.

— Et une douzaine aussi, interrompit l'ex-voltigeur au risque de choquer sa chère future.

Mais le flegme du dévoué Bas-Breton arracha un sourire aux deux jeunes filles.

Francésa prit amicalement la main de Jeanne et lui dit en se retirant :

— Le maître et le serviteur sont dignes l'un de l'autre.

— On le sait, répliqua gaîment la paysanne, et c'est pourquoi nous n'avons pas à nous plaindre, hein ! mam'selle Francésa ?

Si la jeune châtelaine ne répondit pas précisément à la question, l'expression générale de ses traits dut satisfaire la promise d'Alain Gavésio.

Ermel organisait sa petite armée; il avait appelé son fidèle sergent près de lui, tandis que les deux fiancées causaient encore. Le vicomte de Kerbozec, avec les matelots du *Passe-Partout*, se promettait de seconder son neveu Hilaire, qui devait diriger une partie de gars de Saint-Ermel. Enfin, les décisions importantes émanaient d'un conseil supérieur, dont les vieillards du manoir et des métairies étaient les membres naturels, qu'Armand présidait, et auquel assistait, grave et silencieux, le bonhomme Jean-François Bozec de La Faugerais.

Des éclaireurs jetés dans le pays annoncèrent de bonne heure les mouvements de la colonne expéditionnaire du colonel La Patrie.

On se rappelle que La Rouarie possédait de grands approvisionnements d'armes et de munitions; Kerbozec, Hilaire et Ermel, instruits par Kerfuntun, avant son dernier départ, du lieu de dépôt le plus rapproché de Rosven, en profitèrent pour opérer l'armement de la paroisse. On envoya chercher de nuit, aux environs d'Auray, plusieurs charretées de poudre et de projectiles que les Gavésio ne ramenèrent point sans péril; les armes emmagasinées d'abord dans le souterrain du bois, furent quelque temps après distribuées à tous les jeunes gens déterminés à combattre.

Un peu plus de cent paysans eurent des fusils, deux cents autres furent réduits à leurs instruments de culture, et surtout à leurs *penn-bac'h*, littéralement têtes-bâtons, sortes de massues très-redoutables entre leurs mains.

Les forces des patriotes étaient autrement considérables.

La colonne expéditionnaire du colonel La Patrie se composait de huit cents fantassins, de soixante ou quatre vingts gendarmes et de trois cents gardes nationaux parfaitement équipés, auxquels il faut ajouter environ quatre cents sectionnaires en bonnets rouges, ayant pour la plupart des armes à feu, pistolets, fusils de chasse ou mousquetons.

Malgré cette énorme disproportion, les Chouans étaient pleins d'ardeur, et puisaient une grande confiance dans la disposition du pays.

Le conseil supérieur décida qu'à la tête d'un peloton de jeunes gars, Hilaire prendrait le chemin des marécages, le le plus facile à défendre, qu'il s'y embusquerait au point le plus étroit, et ferait creuser à la même hauteur des trous à loups qu'on recouvrirait de feuillages. Pierre Gavésio donna son fils Yvon à M. Hilaire.

Il fut convenu que Kerbozec et les corsaires, avec un petit nombre de tirailleurs bas-bretons, auraient la garde de l'entrée du village, qu'on barricaderait à l'endroit où commençaient les fossés.—Pierre Gavésio donna son fils Salaün au vicomte Michel, et s'adjoignit personnellement à la même troupe.

Ermel devait prendre avec lui presque tout le reste des gens en état de porter les armes pour défendre la route directe, les bois de Rosven et la lande Sans-Fin. Jean du Gavre, Pontaven et plusieurs autres métayers étaient dans cette bande, la plus considérable des trois. — Pierre Gavésio se contenta de dire à Alain : — « Tu sais ton devoir! »

De petits paysans furent attachés à chaque escouade pour transmettre les avis des chefs de l'une des petites divisions à ceux des deux autres.

Avec le patriarche de Rosven et le recteur de Saint-Ermel, restaient au manoir, Armand, les domestiques, les vieillards du bourg, beaucoup de femmes et d'enfants en bas âge.

Pierre Gavésio dit à son fils Malo : — M. de Kerfuntun est mort, et toi tu es en vie..... Maintenant je te charge du bonhomme.

— Si M. de Kerfuntun est mort, ce n'est pas ma faute; j'ai été blessé comme lui...

— Tu mourras pour le bonhomme, interrompit le vieux fermier.

— Bien, mon père, répliqua Malo.

Pierre Gavésio s'adressant alors à son gendre Bastin :

— Et toi, mon gars, c'est de M. Armand que je te charge... Veille sur lui et aussi sur les dames et les petits garçons.

Les filles du fermier eurent mission de s'occuper des maîtresses du manoir, de Mme Hilaire et de ses sœurs, et de placer ce devoir avant le soin de leurs propres enfants.

Ayant ainsi distribué les postes de dévouement à ses héritiers, Pierre *fut content*, comme il le dit, et ne pensa plus qu'à bien faire à côté de son frère de lait, le vicomte Michel.

Instruit par Morvan-Béquille d'une part, et de l'autre par les matelots du *Passe-Partout*, des intentions de Mathieu Piment et de son maître d'équipage, Ermel eut soin de rappeler à tous les Chouans encore assemblés dans la cour, qu'il ne faudrait point tirer sur eux. Le capitaine-corsaire avait fait dire que ses pistolets ne seraient chargés qu'à poudre.

Ermel recommanda de même aux paysans, Géranium, Bec-de-Perdrix et l'Enflammé ; malheureusement les grenadiers n'étant pas aisément reconnaissables, il était à craindre qu'on ne pût les épargner.

Les trois petites troupes se formèrent en rang tant bien que mal, le bonhomme poussa un soupir et fit le signe de la croix. Louise, Mélite et Francésa pleuraient, et Jeanne du Gavre pleurait aussi en voyant partir les Chouans.

Puisque le bonhomme se taisait, Armand voulut adresser à son frère et à ses fils quelques mots d'encouragement qu'il termina par le cri de : *Vive le Roi!*

Le vicomte et les marins se dirigèrent vers le bourg. Hilaire, prolongeant l'avenue, se porta vers le passage qu'on lui avait désigné. Ermel et Alain gravirent au pas de charge la colline qui menait au bois de Rosven. Malo et Bastin se placèrent l'arme au bras, l'un à droite et l'autre à gauche du perron.

Alors le recteur, élevant la voix, récita une prière ; tous les braves gens qui restaient dans le manoir ou dans la cour se mirent à genoux, à l'exception du bonhomme octogénaire, que soutinrent son fils Armand et son petit-fils Jean VIII.

Tous répondaient aux litanies et disaient : — *Seigneur, ayez pitié de nous !*

En ce moment, sur la lande du campement, des chants obscènes ou féroces retentissaient autour des feux du bivouac. Le jour baissait.

Morvan-Béquille, reparti depuis le matin, avait déjà répandu l'alarme à Saint-Gaël et dans les paroisses voisines. D'autres émissaires du manoir et les gens de Sarzeau firent de même ; les divers messagers revinrent en disant que les paysans du plat pays se rassemblaient par groupes armés.

D'un autre côté, les patriotes de Josselin et de Ploërmel imitant ceux de Vannes qui les avaient fait avertir, se préparaient, disait-on, à entrer en campagne.

Tandis que le conseil supérieur de Rosven prenait ses dispositions définitives, le colonel La Patric ne négligeait rien non plus pour se mettre à l'abri d'une surprise, et organisait militairement l'attaque.

Les trois chemins qui aboutissaient à la lande du campement furent gardés par de forts piquets de soldats. Au risque de tomber dans une embuscade, de petits détachements gravirent les fossés environnants et se postèrent tout autour du plateau.

Après mûres réflexions, le commandant supérieur résolut aussi de diviser sa colonne expéditionnaire en trois corps. Le premier, composé de sans-culottes et de gardes nationaux, à peu près sacrifiés s'ils rencontraient l'ennemi, et destinés à prendre le chemin du Marais, forma pour ainsi dire l'aile gauche. L'avantage de cette première disposition, dans l'esprit du colonel, était de se débarrasser d'abord d'une masse de mauvais soldats et de pillards plus gênants qu'utiles, et puis d'arrêter, au moins momentanément, les chouans de Saint-Ermel, s'ils essayaient de passer par là pour lui couper la retraite. Depuis qu'il connaissait le pays, le colonel, militaire expérimenté, devenait fort circonspect. Il voyait qu'il avait affaire à forte partie, pour peu que les Chouans fussent en nombre;—par conséquent, il voulait se ménager la possibilité de revenir, au besoin, former le carré sur la lande du campement.

Le second détachement, composé de gendarmes et de soldats d'élite, devait prendre par la droite, pour empêcher de même que les paysans n'attaquassent les derrières de la colonne principale, et d'autre part pour placer Saint-Ermel entre deux feux. L'escouade du sergent Bayonne, du caporal Géranium, Bec-de-Perdrix et l'Enflammé reçut cette direction. Piment et Arrache-Tout résolurent de la suivre aussi à tout hasard, faute de pouvoir être partout à la fois.

Le maître d'ailleurs, après sa conférence avec Morvan-Béquille, avait réfléchi sur le poste qu'on donnerait à ses matelots, et, tout bien considéré, l'entrée du village était encore l'endroit le plus découvert et conséquemment le plus dangereux : — « C'est là, — pensa-t-il, qu'ils iront, sous les ordres du commandant Kerbozec. » On l'engagea bien à marcher avec les sans-culottes, mais il répondit qu'il avait des amis aux grenadiers, qu'il était venu en amateur, et qu'il prétendait aller où bon lui semblait.

Le colonel La Patrie, avec le reste de son bataillon, comptait s'engager dans la route directe, dont la défense était confiée à Ermel et au gros des Chouans.

—

Ermel et Francésa, liés l'un à l'autre en un jour de deuil, pouvaient désormais se dire qu'ils s'aimaient ; mais une retenue nouvelle leur était imposée. Jamais le jeune chevalier ne fut plus discret, jamais la jeune fille ne fut plus sévère ; — et cependant aussi jamais deux cœurs aimants ne s'unirent plus intimement dans une même pensée.

Ils pleuraient le père qu'ils avaient perdu tous deux, puis ils priaient pour lui, et quand leurs yeux pleins de larmes se rencontraient, le sentiment pieux qu'exprimaient leurs regards n'avait rien de cet amour profane qui vit de joyeux sourires, qui meurt au contact de la tristesse.

Au manoir et dans les métairies, on les admirait. Francésa, pâle et belle de douleur, descendait au bourg avec le chevalier ; on les voyait s'agenouiller ensemble sur la même tombe fraîchement recouverte, puis retourner lentement au manoir, sans que leurs lèvres eussent dit une seule parole.

Louise, distraite de son deuil par ses devoirs de mère et par ceux que lui imposaient les soins du ménage, fut moins abattue que Francésa ; — Mélite, douce comme un ange consolateur, s'approchait toujours de celle qui souffrait le plus. C'était à la fiancée qu'elle consacrait ses soins.

Mais quand vint le jour de la prise d'armes générale, la

blonde sœur d'Hilaire et d'Ermel reprit sa place de fille attentive auprès du bonhomme.

L'héroïque vieillard, voyant son fils Michel et ses deux petits-fils partis pour de nouveaux combats, éprouvait un sentiment inconnu de lui.

Jusqu'à cette nuit il avait montré, suivant ses paroles, que la force d'âme survit à la force du corps; le moment approchait où son énergie allait chanceler.

Il ne se coucha point; nul ne se coucha dans le manoir:

Les heures tintèrent successivement à l'horloge de la paroisse et à la pendule du salon;—pas un bruit au dehors, si ce n'est le gémissement du vent dans les arbres encore dépouillés de feuilles.

Chaque fois que sonnait l'heure, le curé de Saint-Ermel, récitait un *Pater* et un *Ave* pour les Chouans.

A mesure que la nuit avançait, le vieillard de Rosven paraissait plus agité

Lorsque la sixième heure se fit entendre, — la lune mêlait sa lueur blafarde à la rougeâtre clarté du foyer, — le patriarche prit convulsivement les mains de son fils aîné. Alors, avec une véhémence inusitée, prodigieuse, effrayante de sa part :

— Mon fils !... mon dernier fils !... s'écria-t-il tout à coup ; reste avec moi..... Reste !.... Ne me fuis pas... où vas-tu !... Ils m'ont donc abandonné... Mon Dieu! qu'entends-je? Le canon, n'est-ce pas?..... O mes enfants! Qui me rendra mes enfants?

La faiblesse de ce vieillard jusque là toujours grand, toujours digne, toujours résigné, faisait oublier aux membres de la famille leurs propres douleurs pour ne songer qu'à la sienne.

— Calmez-vous, mon père, le canon ne gronde pas,

disait Armand, faisant un effort suprême pour cacher, lui aussi, ses angoisses paternelles.

— Priez! monsieur de La Faugerais! priez, dit d'une voix grave le recteur de Saint-Ermel. L'heure est-elle donc venue où les vieillards seront les plus timides ? Ayez confiance dans la Providence, qui veille sur les familles pieuses comme la vôtre.

Ces paroles à la fois douces et amères pour le patriarche de Rosven, n'eurent pas le don de calmer son émotion fébrile, accrue par une nuit de veilles et de craintes.

— ... Oui, monsieur le recteur, dit-il, oui, l'heure est venue où le vieux La Faugerais n'a plus la force... de supporter, sans se plaindre, tant de douleurs à la fois... Oui! je pleurerai sur mes fils et petits-fils... car je suis pareil à Job, qui se plaignit devant les hommes sans blasphémer le saint nom de l'Eternel.

Les yeux du vieillard s'animèrent tout à coup, il poursuivit d'une voix haletante :

« — Je gémirai, car voici un premier messager qui » entre.... et qui me dit :

« — Seigneur, votre fils Michel, qui combattait vers le » nord, vient de périr les armes à la main... »

» — Et en voici un second qui entre :

« — Seigneur, votre petit-fils Hilaire, le père de vos », arrière-petits-enfants vient d'être massacré dans l'ouest » par une bande de scélérats ! »

» Et un troisième messager paraît et me dit :

« — Seigneur, votre petit-fils Ermel et son serviteur » qui se battaient dans le sud, viennent d'être fusillés par » les Bleus!... »

A ces mots, Francésa poussa un grand cri ; elle tomba inanimée entre les bras de sa sœur. L'infortuné sire de Rosven, en proie à une sorte de délire, continuait ainsi :

« Et ce messager parlait encore, quand un autre entra
» et dit :

« — Seigneur, tous vos serviteurs ont péri, et les enne-
» mis de Dieu s'avancent comme un tourbillon de toutes les
» parties de l'air; ils portent le fer et la flamme dans Rosven..

» Mon épée ! mon épée !... qu'on me donne ma vieille
» épée !

» Les voici qui massacrent mes filles et mes arrière-pe-
» tits-fils, et mon fils aîné sous mes propres yeux... Je
» veux périr les armes à la main... Mon Dieu ! mon Dieu !
» mon Dieu !... »

Vaincu par une émotion si violente, le patriarche de Rosven lâcha la main de son fils Armand et resta sans connaissance; Mélite lui prodiguait les soins les plus empressés.

Armand, appuyé sur un sabre nu, s'était dressé comme pour combattre.

Femmes, enfants, serviteurs, terrifiés par des présages si funestes, tremblaient et pleuraient.

Le prêtre donnait l'exemple de la prière.

Tout à coup on entendit le bruit de la fusillade dans trois directions à la fois.

Armand cria : « Aux armes! et se dirigea vers la porte. »

Malo Gavésio et Bastin, qui, toute la nuit, avaient veillé sur le perron, entrèrent alors;—le premier, son fusil sur l'épaule, alla se poster derrière le fauteuil du bonhomme évanoui ; — le second s'attacha aux pas de l'aîné de la famille.

Six heures et demie sonnaient en ce moment à l'horloge de Saint-Ermel et à la vieille pendule de Rosven; le crépuscule ne tarda pas à blanchir l'horizon.

IX.

LES TROIS ATTAQUES.

Une heure avant le lever du soleil, — la lune brillait encore d'un vif éclat, — la colonne expéditionnaire se forma en trois corps, suivant le projet du commandant en chef.

Sans tambour ni trompette, les patriotes s'engagèrent dans le chemin creux du marais ;—la moitié des gendarmes et des grenadiers, sous les ordres du capitaine Brindard, un des meilleurs officiers d'infanterie, contournèrent les bois de l'est pour gagner la route de Josselin, qui aboutit au nord du bourg de Saint-Ermel;—le centre éclairé par une avant-garde de voltigeurs, s'enfonça directement dans la forêt du Ménec, dont la principale voie de communication débouche sur la lande Sans-Fin.

Les bagages, qui consistaient en deux fourgons de munitions de bouche et de guerre, suivaient le gros du bataillon; une demi-compagnie de soldats d'élite fermait la marche. Un gros peloton de gendarmes restait à la disposition du colonel, qui en forma sa garde particulière,—circonstance rassurante pour le citoyen Famine, dont le courage civique allait décroissant de minute en minute.

— Tu te crois bien calme, bien tranquille, disait le colonel La Patrie d'un ton persiffleur ; eh bien, de ces taillis qui nous environnent, il peut partir une grêle de balles à l'instant même.

— Ils n'oseront pas !...

— Tiens, je crois avoir entendu armer un fusil !

Le gros patriote était sur les épines ; il voyait bien que le colonel et le capitaine de gendarmerie s'amusaient à ses dépens ; mais il les appelait mes bons amis, avec une tendresse de poltron.

Au moindre bruit dans les feuille sèches, il pâlissait.

— Le vin est tiré, il faut le boire, disait le colonel toujours en raillant; car, vois-tu, citoyen, nous sommes en passé d'y rester tous tant que nous sommes, sans qu'un seul en échappe...

— Ah ! mon cher colonel !...

— Ni vu, ni connu ! l'armée du Rhin pourrait être avalée ici par un caporal et quatre hommes, s'ils s'y entendaient.

— Misère !...

— Ah çà, y aurait-il des militaires à Rosven ?...

— S'il y en a ! plus de dix... le ci-devant chevalier, ci-devant lieutenant d'Artois ; le ci-devant vicomte, ci-devant capitaine de vaisseau ; leurs domestiques, qui servaient sur terre et sur mer avec eux.

— As-tu fait ton testament ? citoyen...

— Mais tu nous crois perdus, ne vaut-il pas mieux battre en retraite ?... demanda timidement le gros sans-culotte.

— Ah ! citoyen, que dis-tu là ? s'écria le capitaine de gendarmerie riant dans sa barbe.

— Tu conçois, citoyen, reprit le colonel, que si le gros du bataillon se retire, ma droite et ma gauche, entourées par les Chouans, sont écrasées... La nation me demandera mes comptes, et me coupera le col très-justement... N'est-ce pas ce que tu as fait faire au capitaine Trémaret, l'an passé, pour quelque chose de semblable?

—.... Il avait fui devant un attroupement de pêcheurs de Sarzeau !

—.... On dira que nous avons fui devant la crainte d'un attroupement de paysans d'Ermel-Commune.

— Pourtant, dit le patriote, on n'est pas tenu à l'impossible.

— Ah! ah!... je croyais impossible de résister avec cent gardes nationaux à cinq cents hommes aguerris comme les pêcheurs de Sarzeau ! la plupart anciens marins de l'État.

Le patriote, irrité d'une pareille torture, s'écria :

— Citoyen colonel, tu te permets de calomnier la justice révolutionnaire... prends garde à toi !

— Tu deviens tragique, mon cher juge... Mais pas tant de colère. Lorsque je doute qu'un seul d'entre nous en revienne...

Le colonel s'interrompit pour crier :

— Attention à l'avant garde !

La tête de la colonne répéta le cri du colonel.

L'avant-garde répondit qu'on veillait bien.

Cette petite comédie belliqueuse était à l'adresse de messire Famine, qui se prit à trembler de plus belle, pendant que le colonel, achevant sa phrase, ajoutait : —... Tu conçois qu'un de nous deux au moins doit y rester, et qu'enfin tes menaces n'ont rien de bien terrible pour moi.

— Ah ! mon bon colonel, aussi, n'était-ce que pour rire, murmura le patriote.

— Capitaine, allez pousser une reconnaissance avec vos gendarmes; nous approchons je crois de la fameuse montée.

Cet ordre avait un triple objet; utile au point de vue militaire, il éloignait un témoin importun et complétait l'effroi du révolutionnaire.

— Maître Famine, ajouta sévèrement le colonel, savez-vous que si vous m'accusiez de calomnier la justice, fort inique, à franchement parler, de votre chien de tribunal, savez-vous que je ne me gênerais pas pour révéler le petit marché passé à huis clos entre nous !... Sans moi, hier, pas plus tard qu'hier, vous étiez massacré. Faites-moi donc le plaisir de ne menacer ni sérieusement, ni pour rire... Enfin, oubliez-vous que je vous ai en mon pouvoir, ici comme à Vannes, sans compter mes pistolets d'arçon et mon sabre?..

— Pardon! pardon! monsieur le colonel, j'oubliais en effet... murmura le patriote plus mort que vif et dont la terreur devait encore augmenter, car les cavaliers furent assaillis par une vive fusillade.

Des blocs de rochers roulés du haut de la montée, fracassèrent les jambes de plusieurs chevaux, le capitaine de gendarmerie fut tué sur place.

— Ah! ah! nous y voici s'écria le colonel.

En même temps il jeta dans les bois, à droite et à gauche de la route, un plus grand nombre d'éclaireurs, dans le dessein de débusquer les tirailleurs ennemis.

Les gendarmes, qui s'étaient repliés sur le gros du bataillon, déclarèrent que les Chouans avaient amoncelé au bout du chemin, une grande quantité de quartiers de roc, et que la cavalerie ne pourrait plus avancer.

— Je m'y attendais, dit le colonel; mais à Chouans, Chouans et demi. Restez à la garde du fourgon avec mes grenadiers, je vais vous dégager la route.

Le colonel disposa des postes des fusiliers autour de sa réserve, de manière à répondre aux Chouans du bois; puis, mettant pied à terre, il subdivisa sa colonne en deux bandes de tirailleurs destinés à balayer les ennemis hors du fourré. Au delà s'étendait la lande Sans-Fin ; une fois en pays découvert, il se promettait de mener tambour battant les insurgés, très-peu nombreux, d'ailleurs, au dire des gendarmes.

Ce rapport était littéralement vrai. L'on n'avait pas en tête la division d'Ermel, mais un simple détachement de quinze à vingt hommes dirigés par Jean du Gavre.

Elevé à l'école du capitaine d'Amblemont, rompu à la guerre d'escarmouches et d'avant-postes qui a tant de rapports avec la guerre de partisans, le chevalier de La Faugerais avait en outre mûrement réfléchi sur le mode à suivre pour la mettre en pratique dans le Morbihan et surtout aux environs de Rosven, dont il connaissait si bien le fort et le faible. Avec quatre ou cinq cents hommes, il n'aurait pas hésité à occuper la forêt du Ménec, au delà de la lande Sans-Fin ; mais il n'en avait guère que cent cinquante incomplétement armés : il se résigna donc à rester en deçà, dans le bois même de Rosven. Il ignorait d'ailleurs laquelle des trois routes prendrait la colonne révolutionnaire, et voulait se tenir à portée de secourir promptement, suivant l'occurrence, Hilaire ou Kerbozec. Enfin, il eût été imprudent de s'éloigner davantage du manoir, dont la défense était l'unique dessein des Chouans.

Toutefois ce n'était pas un motif pour négliger de placer une embuscade au haut d'un défilé à pic comme la fameuse montée du Ménec ; il choisit donc une vingtaine de gars, des plus alertes et des plus adroits au tir du fusil, qu'il confia à Jean du Gavre.

Cette petite troupe, munie de pioches, de bêches et d'une forte provision de poudre, ayant traversé la lande Sans-Fin, fit halte à la cime de la montée, et passa la nuit à déterrer de gros quartiers de roches qu'elle accumula entre les deux fossés du grand chemin ; — toutes les instructions données par Ermel furent ponctuellement suivies. Jean du Gavre et cinq de ses hommes restèrent en haut de la butte, les autres, le fusil sur l'épaule, se jetèrent dans les bois avec ordre de ne tirer que sur des gens en déroute.

Les gendarmes, s'étant présentés, Jean du Gavre fait rouler sur eux les quartiers de pierre, qui mettent nombre de chevaux hors de service. En même temps les tirailleurs ouvrent le feu sur les cavaliers, forcés de se replier en arrière.

Mais la troupe du colonel devait nécessairement débusquer les Chouans, qui se retirent vers la lande, et une fois en rase campagne prennent la fuite à toutes jambes.

Jean du Gavre, caché dans un trou ne bougea point.

Le colonel lance ses voltigeurs à la poursuite des paysans désséminés dans la lande ; mais ceux-ci, plus agiles et moins lourdement chargés, sont bientôt hors de portée de fusil.

Cependant un signal de trompette, annonce à la cavalerie qu'elle peut rallier la colonne. Les gendarmes sans défiance gravissent la hauteur ; le citoyen Famine, pâle d'effroi, est au milieu d'eux.

Tout à coup une épouvantable explosion se fait entendre, le reste des cailloux amoncelés par les hommes de Jean du Gavre vole, éclate, roule et renverse les cavaliers.

Le hardi paysan, qui a mis le feu à la traînée de poudre, ne pouvant plus s'enfuir vers Rosven, puisque les Bleus sont arrivés dans la lande Sans-Fin, sort de son trou de mineur et se jette dans la forêt du Ménec ; il a bientôt disparu.

Quinze gendarmes, dont l'un tenait en laisse le cheval du

colonel, arrivèrent cependant sains et saufs au haut de la butte. Tous les autres, tués ou blessés, gisaient sur le chemin ; le citoyen Famine, démonté par un quartier de roc qui avait abattu son cheval, poussait des cris épouvantables.

Déjà le colonel, rappelant ses voltigeurs, commandait aux quinze derniers gendarmes d'appuyer une chasse vigoureuse à un nombre égal de Chouans qui fuyaient isolément à travers la vaste lande. Quinze combats singuliers s'ensuivent, pendant que la colonne se forme en rangs et qu'on va relever les blessés et le citoyen Famine, lequel, malgré ses clameurs, n'a pas reçu la moindre égratignure.

Les Chouans qui courent vers le bois de Rosven sont fort en avance sur les gendarmes, mais ceux-ci brûlant de venger leurs camarades, se lancent au galop, le pistolet au poing.

A demi-portée de fusil, chaque Chouan se retourne, ajuste son gendarme avec sang-froid, une double détonation part en même temps. Trois Chouans tombent morts ;—cinq gendarmes sont démontés, six autres blessés ou tués. Les derniers cavaliers manqués par leurs adversaires, fondent sur eux à bride abattue ; bientôt un feu nourri part de la lisière du bois de Rosven. Deux gendarmes encore paient de leur vie leur belliqueuse opiniâtreté. Deux autres seulement peuvent regagner à cheval la colonne d'infanterie, alors arrêtée au milieu du plateau par le commandement de — *halte !*

— Peste ! s'écria le colonel en mâchant ses moustaches, voilà des gaillards qui se battent bien !.... Mais on ne fait pas d'omelettes sans casser des œufs !

Telle fut l'oraison funèbre des gendarmes morts au champ d'honneur.

Une lueur crépusculaire commençait à poindre dans l'est, lorsque le colonel rassembla ses officiers et leur donna ses ordres.

La lande Sans-Fin doit sans doute son nom à la manière dont elle se perd à droite, dans des fondrières impraticables, et surtout à son étendue dans le sens de l'est à l'ouest ; mais, du sud au nord, c'est-à-dire entre la forêt du Ménec et le bois de Rosven, elle n'a guère qu'une petite demi-lieue de large, — espace que la plupart des compagnons de Jean du Gavre venaient de franchir fort heureusement.

Le colonel, après s'être fait donner de nouveaux détails, vit avec peine qu'il ne ferait que reculer la difficulté en passant le long des fondrières ; car les Chouans se porteraient naturellement vers le point du bois où il tâcherait de pénétrer. La route directe devait être la mieux défendue. Enfin, à gauche, dans l'ouest, impossible de tourner : une carrière à pic forçait encore à rallier le bois à petite portée du fusil.

— Quel guêpier ! s'écria-t-il, j'aimerais mieux avoir en pays plat deux mille soldats devant moi, que ces Chouans-ci derrière leurs fossés et leurs arbres !.. Mais, citoyens officiers, quand on n'a qu'un parti à prendre, le choix ne saurait être long. Les Chouans sont évidemment moins nombreux que nous ; sans cela, puisqu'ils ont des officiers à leur tête, ce n'est pas quinze hommes, c'est deux ou trois cents qu'ils nous auraient jetés sur les bras tout à l'heure. Ils sont obligés de rester autour de leur repaire de Rosven, et même à très-courte distance. Disséminons-nous, ils seront forcés de s'éparpiller aussi ; alors nous avons cinq ou six hommes découverts, il est vrai, contre un à couvert ; mais nous entrons dans le bois, voilà le fait ; et une fois dedans, la partie redevient bonne pour nous.

Le calcul du colonel était juste de tous points.

Les Bleus, braves soldats en général, n'hésitent pas; la petite colonne se répand en tirailleurs sur toute l'étendue de la lande.

Ermel avait espéré qu'elle s'engrènerait dans le chemin de Rosven, ou qu'elle longerait la lisière des bois; sa défense en ce cas était parfaite. Contrairement à son espérance, il se trouve dans l'obligation de protéger avec cent cinquante hommes, dont la moitié seulement armés de fusils, une vaste étendue de fossés; — malheureusement lui aussi n'a pas d'autre parti à prendre.

Les Bleus qui se débandent en plaine, et bien entendu hors de portée de fusil, ont pour eux l'avantage de courir plus vite que les Blancs, arrêtés à chaque pas par des ronces et des fourrés très-épais.

Ermel et Alain restent à peu près seuls au milieu de la ligne de défense; le point de ralliement convenu est pour tous les Chouans la clairière du Tertre-Blanchâtre, où l'on a vu, au début de ce récit, le pasteur de Rosven célébrant la messe avant le lever du soleil.

Il faudrait, pour l'emporter, que chaque Chouan se débarrassât de quatre ou cinq Bleus.

Ermel envoie prévenir Kerbozec et Hilaire de la position difficile dans laquelle il se voit; mais, bientôt il désespère d'être secouru, car il entend éclater presque en même temps la fusillade dans le Nord, où est son oncle avec les marins du *Passe-Partout*, et dans l'ouest, que son frère doit protéger.

A peine avait-il reconnu distinctement le bruit de cette double fusillade que, de toute la longueur de sa ligne, partirent des décharges dont les Bleus eurent beaucoup à souffrir.

Avant que les Chouans eussent eu le temps de recharger leurs fusils, les soldats, baïonnette croisée, essayaient de gravir les fossés.

Les paysans, armés de fourches et de faulx, commencent à se servir de ces terribles armes. Les Bleus sont gênés par les broussailles qui hérissent les remparts naturels des campagnards.

De dix en dix pas se livrent des combats terribles : un assiégé doit partout se défendre contre trois ou quatre assiégeants ; mais cet assiégé a pour lui une position excellente, et généralement une arme autrement terrible qu'une simple baïonnette.

C'était justement en ce moment que le patriarche de Rosven restait anéanti dans son fauteuil ; Francésa, évanouie, était alors soignée par sa sœur et par la brune Jeanne du Gavre.

L'assaut du bois durait encore, lorsqu'un petit gars, expédié par Hilaire, vint dire que tout était perdu du côté du marais et que les bonnets rouges étaient maîtres de la route de Rosven.

— Quand M. Hilaire m'a envoyé vers vous, ajouta le petit messager, dix sans-culottes levaient la hache sur lui ; il n'a eu que le temps de me crier : « Va vite prévenir M. Ermel ! » Je me sauvais déjà, j'ai fait ce qu'il m'a commandé.

Le petit bonhomme n'avait pas fini de parler qu'un groupe de six soldats, arrivés à l'endroit que défendaient Ermel et Alain, essayèrent de gravir le fossé.

Deux coups de fusil réduisent leur nombre à quatre ; le jeune gars, s'armant de gros cailloux, unit ses efforts à ceux du maître et du serviteur. Tout à l'heure, il avait pris la fuite avec une troupe épouvantée, maintenant il combattait avec ardeur, tant est puissante la force de l'exemple.

Alain, à coups de pioche, repoussait les assaillants ; Ermel eut ainsi le temps de recharger les fusils. La lutte, sur ce point, était favorable aux défenseurs de Rosven ; — il n'en était pas ainsi partout.

Militairement parlant, on pourrait poser en principe ce paradoxe contradictoire dans les termes, que *le point le plus faible est toujours le plus fort*, et réciproquement que *le point le plus fort est toujours le plus faible*. Telle est d'ailleurs l'opinion bien arrêtée de Démétrius Poliorcète et de plusieurs autres célèbres preneurs de villes qui, dirigeant une fausse attaque vers le point faible, où l'assiégé n'a pas manqué de mettre toutes ses meilleures troupes, se jettent à l'improviste sur le point le plus fort, dont la défense est confiée à un petit nombre de soldats et au rebut des assiégés. On voit que le paradoxe n'est pas sans valeur, en vertu de cet antique adage, que *le courage est la meilleure des fortifications*.

Or, la position du manoir de Rosven était celle d'une place dont la garnison défend les ouvrages extérieurs.

Le défilé le plus étroit, le col dangereux des marécages avait été placé sous la garde d'Hilaire et d'une cinquantaine de jeunes gens assez novices dont vingt à peine avaient des fusils.

Les abords du village par la route de Ploërmel, étaient défendus au contraire par le capitaine de vaisseau, les gens du *Passe-Partout* et une troupe de solides gaillards qui pour la plupart avaient déjà porté les armes au service du Roi.

Arrivé au lieu qu'il doit occuper, Hilaire s'est empressé de faire creuser des trous de loups dans le chemin ; il élève en deçà une forte barricade, répartit ses tirailleurs sur les fossés de droite et de gauche, reste avec Yvon Gavésio et les piocheurs à la garde de la barrière, et attend en faisant bonne veille.

Aux approches du crépuscule, il redouble de vigilance.

Une demi-heure ne s'écoula point sans qu'on vît briller les fusils des gardes nationaux qui marchaient en file le long du marais. Hilaire commande le feu, mais trop tôt. Trompé par l'effet de lumière, il a cru les ennemis plus près qu'ils ne le sont réellement.

Cependant une certaine hésitation dans les rangs des patriotes fut la conséquence de cette décharge ; tout à coup un homme de la section des Vieux de la Cale s'écrie avec furie :

— En avant donc ! vous voyez bien qu'ils ne savent pas tirer !

— Pas un blessé !... oh ! les tristes tireurs ! reprennent en ricanant quelques camarades de l'ouvrier du port qui a parlé si à propos pour les siens.

La première crainte est surmontée. Au risque de rester dans la vase, les Vieux de la Cale s'élancent dans le marais parallèlement aux gardes nationaux ; ces derniers, piqués au jeu, prennent le pas de course. La section du Citoyen-Libre, que dirige un franc sans-culotte, reçoit alors de son chef improvisé de machiavéliques instructions : elle doit barrer la retraite aux soldats-citoyens s'ils reculent. Or, les sans-culottes armés de piques et de pistolets, maîtres d'un étroit défilé, garantis des balles des Chouans par les gardes nationaux qui sont en tête, et n'ayant à redouter tout au plus que les baïonnettes de leurs compatriotes épouvantés, auront beau jeu pour mettre la consigne à exécution.

La phalange du Citoyen-Libre reste donc en arrière, la pique croisée : une seconde décharge de coups de fusils part au même instant des fossés et de la barricade; les Vieux de la Cale, la hache au poing, ne s'arrêtent pas ; les gardes nationaux entraînés par le mouvement arrivent jusqu'aux trous de loups. Les premiers rangs y tombent, le désordre s'ensuit; les soldats-citoyens, pris d'une panique, vont faire tête sur les piques des sans-culottes, qui hurlent le : *Ça ira !*

Les Citoyens-Libres, sans pitié, frappent sur les fuyards, percent de part en part quelques malheureux pères de famille que la terreur seule a contraints de marcher contre les Chouans. — Force est aux gardes nationaux de revenir à la charge, car, d'un autre côté, ils entendent les cris de désespoir de ceux des leurs qui ont voulu couper par le marais, et que les vases engloutissent.

Si les Vieux de la Cale, plus heureux, arrivèrent jusqu'aux fossés, c'est que la plupart d'entre eux n'avaient couru que sur le bord.

La route encombrée était fermée aux gardes nationaux, ils tâchent de monter à l'assaut des talus qui bordent les marais.

Les jeunes gars lâchent sur eux leurs coups de fusils, et fuient ensuite par les champs pour avoir le temps de recharger et de faire feu à l'abri d'un second parapet ; mais les mariniers patriotes ont gravi les fossés et tombent à coups de haches sur les gars en déroute. Les jeunes paysans épouvantés ne s'arrêtent plus et vont jeter l'alarme au manoir, où Armand les rassemble derrière les palissades.

D'un autre côté, les gardes nationaux sont poussés par

les Citoyens-Libres, les derniers rangs foulent aux pieds les hommes des premiers ; on arrive ainsi jusqu'à la barrière, où l'exemple d'Hilaire et d'Yvon a retenu quinze ou vingt faucheurs et piocheurs.

Une lutte désespérée s'engage. Quoique les Chouans soient en bien petit nombre, — grâce à la disposition des lieux, ils défendent d'autant mieux le défilé, que les gardes nationaux, après une première décharge, en sont réduits, faute de temps, à la baïonnette pour toute arme offensive et défensive. Tout à coup, les Vieux de la Cale, qui ont passé à travers champs, fondent par derrière sur les gardiens de la barricade, enveloppés ainsi de toutes parts, et qui, stimulés par Hilaire, opposent encore une résistance non moins inutile qu'héroïque.

Le combat n'était plus qu'une boucherie ; les mariniers patriotes abattent les paysans, la barricade cède, les gardes nationaux se précipitent en foule sur deux hommes criblés de blessures et qui, acculés contre le fossé, se battent encore énergiquement.

L'un d'eux n'a entre les mains qu'une carabine brisée, — c'est Hilaire. L'autre n'a qu'un fléau dont il fait un moulinet terrible.

Les Vieux de la Cale ne peuvent s'empêcher d'admirer leur contenance.

Ils voient que le serviteur ne songe qu'à faire à son maître un rempart de son propre corps ; — las de massacres, sûrs de la victoire, ils s'arrêtent devant un dévouement qu'ils comprennent.

Yvon, dont les yeux lancent des éclairs, s'écrie :

— Tuez-moi ! tuez-moi le premier !

Hilaire, épuisé par la perte de son sang, vient de tomber sans force contre le fossé.

— Allons ! commande un sous-officier de garde nationale, chargeons nos armes et fusillons-les à bout pourtant.

Yvon, qui l'a entendu, le frappe de son fléau et l'étend à ses pieds.

Vingt fusils s'arment à la fois. Ils allaient faire feu, quand un marin gigantesque saisit Yvon à bras le corps, le charg sur ses épaules en s'écriant : — « Je le prends pour ma part ! » et court vers le manoir.

Un autre marin arrivé au même instant soulève Hilaire et l'emporte non sans peine, mais cependant avec une vigueur que l'exiguité de sa taille fait paraître extraordinaire.

Les Vieux de la Cale ayant reconnu dans ces deux marins le capitaine *Pimentum* et son maître d'équipage ne trouvèrent rien à dire.

Les gardes nationaux, réduits au quart, sans officiers, et la plupart touchés par l'intrépidité des deux Chouans, laissèrent faire aussi. Mais les sectionnaires du Citoyen-Libre, qui n'avaient pas affronté le feu, arrivaient à leur tour sur le champ de carnage.

— Au bout d'une pique la tête du capitaine Chouan ! crièrent-ils.

Mathieu Piment, posant à terre son fardeau, donna un petit coup de sifflet ; Arrache-Tout, déjà loin, revint à lui.

Yvon se débattait sur l'épaule du maître d'équipage comme un enfant en colère contre sa bonne ; il essayait de se dégager, il tâchait de mordre : Arrache-Tout, au bout de vingt pas, fut obligé de le mettre à la raison. Le paysan blessé fut jeté par terre ; le marin lui posa le genou sur la poitrine, et lui dit à l'oreille :

— « Animal sauvage, on veut te sauver, reste donc tranquille ! Je suis Arrache-Tout, l'autre est Piment. »

Yvon Gavésio comprit enfin, jeta un regard en arrière,

reconnut à quelques pas de lui le brave marin, qu'il avait vu à Rosven huit ans auparavant et répondit alors :

— Mais M. Hilaire?
— Piment s'en charge! Tais-toi.
— Que faut-il faire?
— Le mort! chameau!
— Bon! mettez-moi dans un creux.

On put croire qu'Arrache-Tout l'avait étouffé; d'ailleurs cette scène se passa presque sans témoins; personne n'avait entendu.

Au coup de sifflet de son capitaine, le maître laissant le prétendu cadavre au bord d'un fossé, ramassa son levier, ou techniquement sa *pince* de fer, et revenant sur ses pas, il fut bientôt à côté de Mathieu Piment, qui lui dit :

— Charge-toi de celui-ci; c'est trop lourd pour moi!

Arrache-Tout plaça sur son épaule le corps sanglant d'Hilaire; puis, sans tenir compte des hurlements des Citoyens-Libres, il reprit au pas de course la route du manoir. Piment, brandissant sa ballebarde, formée d'une pique de sabord et d'une hache d'abordage, suivait de près l'herculéen Arrache-Tout.

En repassant à la place où Yvon était resté contrefaisant le mort, ils ne l'y retrouvèrent plus; — le fils de Pierre Gavésio, profitant de ce qu'un détour le cachait aux patriotes, tout occupés d'Hilaire et de Piment, — avait gravi le fossé, s'était couché à plat-ventre dans les broussailles, et de là ne quittait pas du regard son maître, qu'Arrache-Tout emportait au galop.

Les Citoyens-Libres s'imaginant que la route du manoir leur était ouverte, se mirent à courir, afin d'être les premiers à même de piller et brûler; les Vieux de la Cale en firent autant; mais les gardes nationaux prirent le temps de ramasser les blessés, dont quelques-uns étaient encore enfouis dans les piéges à loups. Une sorte d'ambulance fut établie dans le champ voisin de la barricade; ensuite, non sans répugnance, le reste des soldats-citoyens se dirigea sur Rosven.

Ainsi l'aile gauche de la colonne expéditionnaire, corps irrégulier que le commandant supérieur avait voué d'avance à la boucherie, força le passage le plus difficile, et dans l'ordre de marche inverse à celui qu'elle avait au départ de la lande du campement, elle se présentait aux abords du manoir.

Les sans-culottes, toujours devancés par Arrache-Tout, qui malgré son fardeau courait comme un chevreuil, arrivèrent à la hauteur d'un bouquet de pins peu distant de l'avenue.

Là, un feu nourri changea leurs chants de victoire en cris de terreur.

Arrache-Tout et Mathieu Piment continuaient de courir vers le manoir.

— As-tu reconnu? demanda le capitaine.

— Faudrait être aveugle, sourd et muet pour s'y tromper, dit Arrache-Tout.

— Nos pistolets! vois-tu, continua tendrement l'ancien maître de manœuvre.

— Ça chante et ça cause dans les bois tout aussi bien qu'au large!

Ce dialogue, fait au pas de course, laisse à deviner comment Kerbozec et les corsaires, au lieu de rester à l'entrée de Saint-Ermel, du côté du nord, s'étaient portés à l'ouest, sur le chemin des sans-culottes et des gardes nationaux. On doit se demander, en outre, comment Mathieu Piment et son fidèle acolyte avaient fait pour passer du détachement Brindard, c'est-à-dire de l'extrême droite — à l'extrême gauche, où les trous de loups et la barricade défendus par Hilaire, venaient d'être franchis par les Vieux de la Cale.

Malgré la longueur du détour, attendu que le chemin était beau et la troupe excellente, le belliqueux détachement Brindard arriva sur la route de Josselin au commencement du crépuscule, et conséquemment à l'instant précis où le bonhomme Jean-François achevait son effrayant discours.

Durant toute la longueur du chemin, Géranium ne desserra pas les dents, pas même lorsque le sergent Bayonne lui dit avec affectation :

— Eh bien! caporal, es-tu content de l'occasion de montrer tes galons au feu?

Le beau discoureur de la chambrée ne répondit que par un sourd grognement. L'Enflammé en fut bien aise, car il tremblait que son camarade lâchât encore quelques paroles hétéroclites.

— Paraît, se dit-il, que l'ami se range un peu... Effet de l'avancement! voilà! Ses galons le raccommodent avec la République!... Ambitieux! va!..

Bec-de-Perdrix pensait que le sergent Bayonne était incontestablement le fantôme de la chambrée :

— Voyez-moi un pareil espion, murmurait-il entre ses moustaches, il ne nous quitte pas d'une semelle.. Il écoute. Du diable si j'ouvre la bouche... serpent charabias !

Géranium regrettait les bords du Rhin.

— Ah! mes bons Prussiens et autres avale-choucroûte, pensait-il, comme je donnerais bien la moitié de mon bagage et mes galons de caporal par-dessus le compte, pour vous avoir au bout de ma carnadière comme un troupeau de bécasses ! Késerlikes de mes petits boyaux !.... Mais des Chouans ! ce sont des Français, des amis du Roi, pas sansculottes, et à preuve qu'ils en portent d'assez larges !... des paysans comme était mon grand-père, des laboureurs, quoi !.... qui aiment le bon Dieu !.... c'est leur sentiment : sont-ils pas libres ?...... libres, plus souvent !...... On nous chante la liberté, eh bien ! tas de chiens de patriotes..... leur liberté à eux c'est la messe en latin..... quel mal y a-t-il à ça ? Voyons..... c'est-il contraire *aux droits de l'homme et du citoyen*, dont on nous embête à la caserne... Je me battrai c'est l'ordre, c'est connu !...... Mais encore une fois, cinq cent mille brigands de patriotes de malheur !. ils n'ont pas tort, ces Chouans-là et si quelqu'un se bat pour la liberté... la vraie, s'entend, c'est eux et pas nous !.. Ils ont raison, nous pas !...... Ah ! mes chers Prussiens, mes Autrichiens et mes Késerlikes ! où êtes vous ? que je vous canarde.

Tout en emboîtant le pas, Géranium continuait ce monologue intime, et puis il se disait encore :

— Si c'étaient des Chouans ! rien que des Chouans ! on s'en consolerait peut-être.... mais justement faut que leurs chefs, ce soient : — Qui ? un La Faugerais ! mon ancien lieutenant d'Artois, et avec lui Gavésio le Breton, que j'aurai tirés du pétrin à Valmy pour leur ficher ici quelque balle dans le ventre au clair de la lune !... Chienne de partie de plaisir !... Et un Kerbozec, le père de ses matelots, comme ils disaient à bord du *Lys*, quand nous revenions de Saint-Domingue en France, voici de ça trois ou quatre ans.... — Ce maître Piment est un fameux renégat !.... Pauvre commandant Kerbozec !..... M'est avis sentimentalement, quoique fils de Mars et pas son cadet, que si je voyais au bout de mon canon un brave pareil, qui a brossé et rebrossé l'Anglais, sa vie durant, sur toutes les coutures, — quand même j'aurais dix peaux à perdre, je ne pèserais pas sur la gachette!.... Ça me rappelle notre ancien capitaine d'Artois, le père d'Amblemont.... un vieux des vieux ! qui est mort calme comme Baptiste en criant : Vive le Roi !.. et M. Montreuil, un autre brave !..... tonnerre d'un tonnerre !!..

Comme on portait l'arme à volonté, le caporal, réfléchissant ainsi, passa son fusil de l'épaule gauche sur la droite pour essuyer plus aisément une larme accrochée à sa moustache grise.

— Il y a des jours, poursuivit-il mentalement, où j'ai vergogne de moi !.... Avoir servi le Roi pendant quinze ans, et maintenant sentir le coude de ceux qui l'ont guillotiné! faire feu sur ceux qui meurent pour lui, ou son fils, ou son frère... Il y a toujours un roi pour eux autres !.... Nous, nous n'avons plus même de bon Dieu !... Hormis Géranium, qui possède son sentiment sur l'article sans être ce qui s'appelle un curé?..... Dans ce temps-là, on nous disait la messe en musique !.... j'aimais ça. — Suis-je-t-il Chouan ? — Non.. mais quand l'aumônier disait ses *oremus*, et que le régiment était là, dans l'église, le premier rang genou-terre, ça me rappelait le village, chez nous, et mon vieux grand-père, et ma vieille grand'mère, chez qui nous allions en semestre, mon père le tambour-maître et moi, au temps que j'étais enfant de troupe dans Turenne avec l'Enflammé.. Le colonel La Patrie pour lors était lieutenant... et ma mère la vivandière !.... encore une !.... Je réponds qu'il y a un bon Dieu ! sans quoi où seraient-ils — les père et mère à Géranium ?..

Le caporal repassa son fusil de l'épaule droite sur l'épaule gauche, et poussa un gros soupir.

— Qu'as-tu, caporal? demanda le sergent Bayonne qui l'observait attentivement.

— Rien! sergent, rien! répondit enfin Géranium.

— Garde à vous! commanda presqu'aussitôt le capitaine Brindard, car on arrivait à l'embranchement des deux routes et au point où commençaient les fossés des champs voisins du bourg.

Mathieu Piment et Arrache-Tout s'étaient tenus jusque là fort loin derrière le détachement.

L'ancien maître d'équipage du *Lys* et de la *Constitution* expliqua longuement à son camarade qu'ils étaient venus, non pour se battre, mais pour porter secours aux maîtres de Rosven et à leurs camarades du *Passe-Partout*.

— Ainsi donc, ajouta-t-il, s'il faut avoir l'air de faire feu, nous tirerons à poudre; on tirera peut-être à balles sur nous... car ils ne nous connaissent pas tous, c'est égal!.. Et si je suis tué, ton affaire c'est que le commandant Kerbozec ne le soit pas, ni les autres du manoir, non plus, si tu peux.

— Bon! bon! dit Arrache-Tout émerveillé de la profondeur de son capitaine.

— On a des idées! ajouta Piment qui s'admirait un peu lui-même.

Ulysse et Diomède causaient ainsi en allant dérober les chevaux de Rhésus.

La route s'acheva en ces dires, — et au moment où le capitaine Brindard commanda: *Garde à vous!* le sujet étant complétement épuisé, les deux marins commençaient à causer *marine*.

Un feu vif, serré, continu, et qui présageait une belle défense, répondit au commandement de garde à vous!

Piment et son maître de manœuvre reconnurent alors

pour la première fois le langage des fusils et pistolets du brig corsaire.

— Ah ! j'ai joliment bien pris mes relèvements, nous nous atterrissons au bon endroit, dit le capitaine, c'est eux et avec eux le commandant Kerbozec !

— Pardienne ! fit Arrache-Tout.

— Il commence à faire jour ; ils nous verront, en avant !

Les deux marins, à ces mots, s'élancèrent hardiment vers les fossés d'où partait la fusillade.

Pendant la nuit, le commandant Kerbozec avait fait élever en travers de la route un parapet égal en hauteur à ceux des champs de droite et de gauche, en sorte que la ligne de fortifications présentait un front solide et sans interstices. Les Blancs, parfaitement abrités, ne pouvant être débusqués à coups de fusil, il fallait ou rétrograder ou enlever les retranchements à la baïonnette. La cavalerie n'étant bonne à rien, les gendarmes furent obligés de mettre pied à terre ; ils prirent la droite du détachement.

— En avant ! commanda le capitaine Brindard, qui, en donnant l'exemple de l'intrépidité, fut atteint d'une balle au milieu du front.

Kerbozec, sachant que les grenadiers qui avaient sauvé Ermel et Alain pouvaient se trouver en face de lui, et que Géranium était caporal, avait recommandé de ne faire feu qu'à la dernière extrémité, d'épargner les caporaux, mais de viser les gendarmes et surtout les officiers et les sous-officiers.

La journée, décidément, devait être funeste à la gendarmerie.

Pas un coup qui ne porte la mort.

Le sergent Bayonne dut sa vie et le commandement de

la section de grenadiers à l'opiniâtreté avec laquelle il se tint constamment à côté de Géranium.

Quant aux deux marins, qui au grand étonnement de la troupe, arrivèrent les premiers, sains et saufs, sur le fossé, on les vit décharger sur les Blancs leurs pistolets, — fort innocents, et disparaître derrière les parapets?

— Si le chef des Chouans les fait fusiller comme des chiens, ce sera bien jugé, pensa Géranium tout s'avançant au pas de charge.

Les grenadiers, maintenant sous les ordres du sergent Bayonne, essayaient de gravir le fossé ; Piment, qui ne perdait pas le temps en paroles, répondait aux questions de Kerbozec et de Gavésio en leur désignant spécialement Géranium, Bec-de-Perdrix et l'Enflammé, sans trop comprendre pourquoi les gens de Rosven semblaient s'intéresser à eux. Enfin, les Chouans hésitaient à tirer sur les soldats, lorsque le sergent Bayonne commanda d'une voix de stentor :

— Bas le feu ! grenadiers !... halte !

Alors, bondissant sur le parapet avec l'agilité d'un écureuil : — Attention ! s'écria-t-il. J'ai un mot à dire.

Les gens du *Passe-Partout* et les Chouans étonnés ne tirèrent pas sur cet homme seul qui se posait en parlementaire.

— Caporal Géranium, commanda ensuite le sergent, je te charge de former la troupe en rangs ; on va s'expliquer !

Quoique Géranium fût le dernier des caporaux, il obéit ; les grenadiers, encore au nombre de soixante et quelques, s'alignèrent et firent *en place repos,* à son commandement.

Au même instant, un petit messager venant du manoir avertit Kerbozec qu'Hilaire était abandonné par ses gars en déroute, qu'une masse de sans-culottes marchait sur

Rosven par la route du marais, et qu'Ermel faisait demander du renfort.

Piment, sans inquiétude sur le compte de Kerbozec se contenta de lui dire :

— Méfiez-vous du sergent Bayonne, mon commandant, c'est un espion.

Ensuite, après avoir fait un signe de reconnaissance à ses corsaires déguisés, il courut au plus pressé, c'est-à-dire au secours d'Hilaire.

Arrache-Tout le suivit.

Guidés à travers bois par le jeune gars, ils arrivèrent encore à temps pour arracher aux sans-culottes le fils aîné d'Armand et Yvon Gavésio.

X.

LE SERGENT BAYONNE.

Mathieu Piment avait vu d'un coup d'œil que Kerbczec était bien gardé par Pierre et Salaün Gavésio, bien défendu par les corsaires, parfaitement retranché, maître enfin de la position, puisqu'au lieu de continuer l'assaut les grenadiers se réformaient en bataille. — Il partit donc sans autre crainte que celle d'un stratagème du sergent, mais comptant sur la prudence du capitaine de vaisseau, sur le dévouement à lui bien connu des deux Gavésio, et sur l'intrépidité des gens de *Passe-Partout*.

Géranium ayant pris le commandement du piquet, se porta en arrière à grande portée de fusil, forma sa troupe un peu à couvert, et dit aux autres caporaux, ses collègues :

— Camarades, vous avez entendu l'ordre du sergent. Un soldat obéit d'abord, on cause ensuite. Quoique Géranium ne soit pas le cadet de Mars, il est le vôtre; donc, le commandement n'est pas son affaire....

Cet exorde plut aux grenadiers en général et plus particulièrement aux caporaux.

— .... Ainsi donc, c'est Périnet qui est l'ancien, c'est Périnet qui sera notre capitaine, si le sergent qui blague là-bas reçoit une balle dans la tête.... comme c'est vraisemblablement possible.

Géranium parlait d'or. On voyait toujours sur le fossé le sergent qui gesticulait ; une foule de Chouans groupés autour de lui dans des postures menaçantes laissaient à découvert la moitié de leurs corps.

— S'ils avaient été comme ça tout à l'heure ! murmura l'Enflammé, ils ne seraient plus debout là-bas, ni nous plantés ici sans savoir pourquoi.

Bec-de-Perdrix partagea complétement cette opinion.

— ..... Mais provisoirement, caporaux et grenadiers, poursuivit Géranium, je suis chargé du service, ainsi donc je vas vous dire mon sentiment.

— Parle, Géranium, tu es un vieux troupier, dit le caporal Périnet.

— Je crois donc, sans vous offenser, mes petits cœurs, qu'autant vaudrait tâcher de prendre la lune avec les dents que s'entêter contre ce talus. Nous n'avons plus d'officiers, nous avons perdu la moitié de notre monde. Si j'étais de vous, caporal Périnet, — au cas toujours où le sergent Bayonne n'en reviendrait pas, — je battrais en retraite en ordre, jusqu'à temps que nous trouvions le colonel La Patrie, là haut....

Le caporal Géranium montrait le bois de Rosven, situé sur la colline, derrière le manoir.

Les avis des caporaux furent divisés ; quelques uns pensaient qu'il faudrait recommencer l'assaut; d'autres opinaient pour garder la route tant bien que mal, afin de couper la retraite aux Chouans lorsqu'ils seraient débusqués par le colonel ; enfin Périnet venait de trancher la question en disant : — « J'ai mon plan, et vous m'obéirez ! » — lorsque l'on vit le commandant Kerbozec monter sur le parapet, à côté de Bayonne.

Les deux Gavésio, malgré les gestes impératifs du capitaine de vaisseau, étaient montés aussi, le *penn-bac'h* levé sur l'agile sergent qui ne bougea pas, mais parut d'abord refuser de s'expliquer devant eux.

Cette pantomime, qui captivait d'un côté l'attention des grenadiers, de l'autre celle des Chouans, se termina singulièrement par une large poignée de main échangée entre Bayonne et les fermiers, et par un signe approbatif du vicomte de Kerbozec.

Bayonne redescendit le fusil sur l'épaule, reprit le commandement de sa compagnie, et la mit en marche au pas accéléré, l'arme au bras, tambour en tête.

Les Blancs avaient disparu, les grenadiers s'attendaient à être fusillés à bout portant : on grognait tout en emboîtant le pas.

— Il nous a vendu aux Chouans ! murmura Périnet.

— Il nous mène à la boucherie ! dit un second grenadier.

— On lui aura promis de l'épargner s'il nous livre !

— Ah ! ça, sommes-nous des moutons ?

— Au premier coup de feu des Chouans, il a ma balle dans le dos !.... c'est sûr !

— Tout ceci a l'air d'une comédie, murmura Géranium.

— Hum ! fit Bec-de-Perdrix.

Cette exclamation d'asthmatique valut au grenadier un méprisant haussement d'épaules du circonspect l'Enflammé.

— Vous vous fichez de moi, — dit-il ayant à droite Géranium, serre-file, et à gauche Bec-de-Perdrix dont il sentait le coude, — vous riez, vous autres, quand j'ai peur de me compromettre à la caserne par des paroles qui sentent la guillotine, et quand on est en marche contre l'ennemi, vous faites *Hum!* vous manquez de confiance, vous avez peur aussi !

— Peur ! interrompit Bec-de-Perdrix avec colère, tu ne répéterais pas ça hors du rang !....

— Silence ! et la paix, grenadiers, interrompit sévèrement le caporal Géranium.

Bec-de-Perdrix néanmoins ajouta tout bas, peu après :

— Tu ne vois donc pas, bêtard, que notre brigand de fantôme nous a vendus aux Chouans !

— Bah ! répondit l'Enflammé, radouci par un sentiment de supériorité, tu n'es pas fin..... Il aura inventé une blague pour mettre les Chouans dedans ; il sait trop bien, que s'il nous trahissait, sa peau serait percée comme un tamis avant dix minutes.

— C'est vrai ! c'est vrai ! dit Bec-de-Perdrix convaincu.

— Ah ça, pensa Géranium, qui entendait et souffrait qu'on parlât malgré sa précédente injonction, — est-ce qu'il aurait embarbouillé le vieux Kerbozec?

Le caporal, que le capitaine de vaisseau n'eût pas été capable de reconnaître sans l'officieuse intervention de Mathieu Piment, avait pour sa part très-bien reconnu le vicomte de Kerbozec, ancien commandant du *Lys*.

Cependant les grenadiers franchirent sans obstacles le petit rempart contre lequel le détachement Brindard venait d'échouer un quart d'heure auparavant. Personne ne leur disputa le passage. Tous les Chouans s'étaient dispersés comme par magie. Seulement un petit gars de dix à onze ans marchait à côté des tambours pour leur montrer le chemin ; on se trouva dans l'avenue, en face du manoir.

Les grenadiers s'étaient apaisés par degrés, car le raisonnement de l'Enflammé leur semblait sans réplique. De la queue à la tête on se l'était communiqué. Chacun se dit :

— Le sergent Bayonne a mis le capitaine chouan dans le sac, c'est un finot ; il n'y a plus de danger ! Impossible qu'il nous ait vendus ; sans ça, il ne serait pas à notre tête, car l'Enflammé a raison ; si les Chouans nous tiraient dessus, nous tirerions sur lui ; — il paierait le premier sa trahison.

Les grenadiers, pleins de confiance, marchèrent donc jusqu'aux palissades de la douve, l'arme au bras et tambour battant.

Bien que la cour du manoir fût pleine de Chouans, la plupart jeunes gars provenant de la compagnie d'Hilame, personne ne tira sur les soixante et quelques compagnons du sergent Bayonne.

Il était évident, malgré cela, que la paix n'était pas faite, car sur les hauteurs de Rosven la fusillade tonnait toujours et l'on entendait aussi dans le bois, plus près encore du manoir, une série de décharges bien nourries.

— Que diable fricassons-nous ? se demandaient Géranium et ses camarades.

Le sergent Bayonne se chargea de la réponse :

Grenadiers ! halte ! front ! à droite, alignement ! — Fixe ! — Arme bras !... Écoutez !

Tel fut l'exorde.

— Ah ! firent les soixante-dix grenadiers, caporaux et tambours y compris.

— Camarades, poursuivit le sergent Bayonne dans son patois, le colonel est là haut, il va descendre, selon toute apparence ; les sans-culottes sont par ici, peut-être viendront-ils les premiers.... Défense vous est faite de les laisser passer avant l'arrivée du colonel. Je n'ai pas d'ordres pour la manière de traiter les gens du manoir ; je ne connais que le colonel La Patrie... Les gardes nationaux, les bonnets rouges et tout le reste... connais pas !.. J'ai donc dit au capitaine chouan de tout à l'heure que je consentais à rester neutre jusqu'à l'arrivée du colonel. En cas de malheur, les paysans nous laisseraient retourner à Vannes avec armes et bagages, mais à condition de faire faire halte aux sans-culottes à cet endroit-ci jusqu'à ce que nous ayons reçu les ordres de notre colonel.

— Bien parlé ! s'écria Géranium.

— Bravo ! dirent Périnet, Bec-de-Perdrix et plusieurs autres.

Ces marques d'assentiment entraînèrent la majorité. Toutefois l'Enflammé se sentit atteint d'un nouvel accès de *guillotinophobie*.

— Ah ! chien ! dit-il, voilà que nous refaisons de la politique.

— Imbécile ! lui répondit Géranium, qu'as-tu donc encore ? Visite ton amorce et fiche-toi du reste !.... Pour ma part, ajouta le caporal sous forme de commentaire, je commence à me raccommoder avec le sergent.

Il poursuivit mentalement : — Sans-culottes et patriotes de malheur, pour compenser les Chouans que j'ai manqué tuer ce matin, j'abattrais bien quelques uns de vous avec autant de plaisir que si vous étiez des *Keserlikes !*

Les grenadiers, formés sur trois rangs, barraient à présent la route du marais, ou pour mieux dire la route de l'ouest ; ils étaient à portée de pistolet des palissades auxquelles ils tournaient le dos.

Tout à coup ils virent apparaître Arrache-Tout portant

Hilaire sur son dos, et le capitaine Piment toujours armé de sa prodigieuse hallebarde.

— Garde à vous ! grenadiers ! commanda le sergent Bayonne.

Piment, tout bon chétien qu'il était, lâcha un juron à scandaliser l'enfer, Arrache-Tout moins orthodoxe, en lâcha deux Ils ne s'attendaient pas à rencontrer les grenadiers sur leur chemin.

XI

TOUT AUTOUR DU MANOIR.

Les propositions faites par le sergent Bayonne au commandant Kerbozec présentaient à ce dernier toutes les garanties désirables; et, d'ailleurs, il n'y avait pas à balancer : c'était beaucoup d'obtenir la neutralité des grenadiers, et même, jusqu'à un certain point, leur concours, lorsque Hilaire était abandonné, que les sans-culottes marchaient sur le manoir et qu'Ermel, de son côté, demandait du renfort. Aussi, les Gavésio eux-mêmes approuvèrent-ils la transaction ; la poignée de mains qu'ils échangèrent avec le sergent Bayonne en est la preuve.

Sur-le-champ, Kerbozec divise sa troupe en deux, envoie ses paysans, sous la conduite de Salaün, au secours d'Ermel, et s'élance avec les corsaires par les sentiers que Piment venait de prendre un instant auparavant. Le vieux Pierre, toutefois, ne quitta pas son frère de lait.

Les marins du *Passe-Partout* s'embusquèrent au bord du chemin des sans-culottes.

Du bouquet d'arbres où ils sont retranchés avec Kerbozec

et Pierre Gavésio, ils voient d'abord arriver Arrache-Tout et Piment.

Le capitaine de vaisseau reconnaît son neveu Hilaire, et pousse un profond soupir.

Gavésio, chargeant son fusil, se dit à lui-même :

— M. Hilaire a l'air d'être mort ; mon fils Yvon est donc tué ; Dieu ait son âme !

Au moment où il achevait cette douloureuse réflexion, Yvon, qui, comme on sait, se traînait derrière les fossés de la route et qui ne perdait pas de vue Hilaire, porté par Arrache-Tout, Yvon passa dans les broussailles.

Le vieux fermier le voit. Au risque d'être aperçu et d'être entendu, il sort de l'embuscade, se jette sur lui et d'une voix menaçante :

— Qu'as-tu fait de ton maître ? Yvon !... Quoi ! tu n'es pas mort !... je l'espérais !...

A ces mots, le père irrité leva son *penn-bac'h* sur la tête de son fils agenouillé couvert de blessures, mais qui pour toute réponse murmura ces mots : — Je leur disais bien de me tuer ! mon père !

— Ne m'appelle plus ton père, lâche ! s'écria le vieux paysan..... et va-t-en pour que je n'aie pas à répondre de ton âme devant Dieu.

Yvon n'essaya même point de se justifier ; jamais il n'avait vu son père dans un pareil état de fureur. Il pensa que son devoir était de veiller sur son maître, et disparut en se glissant toujours derrière les taillis ; il avait fort à faire pour se tenir à peu près à la hauteur d'Arrache-Tout. Quant au vieux Pierre, qui avait pensé d'un œil sec à la mort d'Yvon, il ne put retenir une larme de honte en songeant qu'un Gavésio avait pu abandonner un La Faugerais!

Ce fut en cet instant que les patriotes débouchèrent auprès du bouquet de pins ; Kerbozec commanda le feu ; Pierre revenu près de lui, accrocha son *penn-bac'h* à sa veste, pour armer sa vieille escopette.

Les sans-culottes effrayés fuient en désordre ; mais les gardes nationaux ont à prendre une revanche, il serrent les rangs, les mettent le joue et ne se laissant plus approcher à longueur de pique, ils leur crient :

— A votre tour, citoyens ! en avant ! en avant ! ou nous tirons sur vous !

Les représailles des soldats-citoyens de Vannes étaient trop légitimes pour que les sans-culottes ne fissent pas volte-face ; d'ailleurs les Vieux de la Cale ayant soutenu le feu des corsaires, les Citoyens-Libres revinrent, pressés par les gardes nationaux. Ce fut un pas difficile : une multitude de bonnets-rouges succombèrent, mais une vingtaine d'excellents tirailleurs ne pouvaient arrêter de flanc une troupe si compacte. Enfin le bouquet de pins fut doublé.

Aussitôt Kerbozec se replia du côté du manoir, tourna par derrière la colonne des grenadiers, et rentra en dedans des palissades.

Les sans-culottes enfin ont la route ouverte devant eux, les balles ne sifflent plus à leurs oreilles. Déjà la tourelle de Rosven apparaît au dessus des arbres.

Le terrible *Ça ira* retentit dans l'avenue.

Quelle ne fut pas la stupeur de cette populace ranimée par l'espoir du pillage, quand elle aperçut trois rangs de grenadiers parfaitement en ordre qui l'attendaient en joue.

— On ne passe pas ! crie le sergent Bayonne.

— On ne passe pas ! répètent presqu'en même temps Géranium, Bec-de-Perdrix, Arrache-Tout et le capitaine Piment.

Après un court pourparler, les deux marins s'étaient entendus avec les grenadiers ; — le sergent Bayonne permit à l'un de transporter Hilaire dans la cour du manoir, à l'autre de rester avec les soldats pour arrêter les sans-culottes.

Lorsque Arrache-Tout se présenta devant la barricade et qu'il demanda qu'on ouvrît pour remettre aux femmes le corps sanglant d'Hilaire, un paysan grièvement blessé s'arrêta près de lui : c'était Yvon.

— Merci, marin, dit-il. Je me charge à présent de mon maître, allez rejoindre le vôtre !

Yvon, toujours longeant les fossés, avait eu le temps, grâce à la courte opposition des grenadiers, d'arriver aux palissades au même instant qu'Arrache-Tout. On lui ouvrit, on le recueillit ainsi qu'Hilaire.

Le vieux Gavésio, en rentrant avec Kerbozec et les marins, vit les femmes qui faisaient entrer deux blessés dans la grand'salle convertie en ambulance ; on lui dit :

— C'est M. Hilaire et Yvon !

— M. Hilaire vit-il encore ? demanda le fermier.

— Oui, mon père, répondit Toinette.

Le bonhomme de la métairie n'ajouta rien, mais ses yeux se levèrent vers le ciel avec l'expression d'une profonde reconnaissance.

Cependant, de tous côtés, l'action se rapprochait du manoir.

D'une part, les sans-culottes et les gardes nationaux, forcés de faire halte par le peloton du sergent Bayonne, poussaient des cris de fureur et criaient : A la trahison !

— Vous ne passerez pas sans l'ordre du colonel, répondait Bayonne.

D'autre part, le bataillon La Patrie, ayant fini, non sans des pertes très-graves, par pénétrer dans le bois de Rosven, forçait à la retraite la vaillante troupe d'Ermel, ralliée maintenant sur la clairière du Tertre-Blanchâtre.

Les Blancs, débusqués, sautaient d'arbre en arbre; les Bleus gagnaient du terrain pas à pas. Le colonel voyant les abords du bois bien dégagés, s'avança au trot dans la route, protégée déjà par ses tirailleurs. Ses clairons sonnaient toujours; les tambours et trompettes des extrémités leur répondaient. Il vit que ses ordres avaient été fidèlement exécutés.

— Eh bien ! citoyen Famine, que pensons-nous de la guerre ?..... Votre bicoque nous coûtera cher..... Voici un tiers de mon monde sur le carreau, et nous ne sommes pas au bout !..... Chantez-moi donc un peu *la Marseillaise*.

Le gros patriote avait assez à faire de se tenir en selle ; il ne répondait rien ; mais, au fond du cœur, il regrettait l'époque où tanneur-corroyeur obscur, il tannait et corroyait en paix sous le régime du bon plaisir. Il eût volontiers donné sa fortune et ses biens nationalement achetés, parmi lesquels figurait l'hôtel La Faugerais, à Vannes ; il eût donné son titre de citoyen libre, sa qualité de membre du district et dix ans de sa vie par-dessus tout cela, pour se retrouver simple ouvrier sous le règne du bon roi Louis XVI.

Souvent des balles sifflaient à ses oreilles ; l'une d'elles se planta même dans la cocarde de son bonnet rouge ; le gros païen, blême d'effroi, faillit se rappeler une prière de son enfance.

L'attaque de la clairière fut une nouvelle crise pour les Bleus ; les Blancs reçurent alors le renfort conduit par Salaün Gavésio ; les soldats n'avançaient plus. Au son du biniou, bien des jeunes gars de la troupe d'Hilaire, jaloux de réparer leur fuite malencontreuse en voyant les grenadiers qui arrêtaient les sans-culottes, sollicitèrent et obtinrent la permission de voler au secours d'Ermel.

Le capitaine Piment et Arrache-Tout ne se trouvant plus bons à rien, puisque le sergent Bayonne protégeait providentiellement la gauche du manoir, et entendant que la fusillade des bois se rapprochait, y coururent aussi.

Il fallait sans doute que le digne corsaire figurât tour à tour aux trois points d'opération ; les deux marins arrivèrent à l'instant funeste où Ermel, malgré ses derniers renforts, désespérait de vaincre.

Des cris : *Au feu!* le *Ça ira* et des hurlements que rien n'égale ne tardèrent pas à partir de Rosven.

Ermel s'écria : —Au manoir ! au manoir ! il en est temps ! Derrière les palissades !

Ces mots sont le signal d'une déroute. Sauve qui peut ! les gars se précipitent en bas de la hauteur.

Ermel, Alain, Salaün restent les derniers pour protéger la retraite ; ils sont obligés de traverser le chemin, les gendarmes fondent sur eux ; le colonel les ajuste avec ses pistolets.

Alain et Salaün se jettent devant Ermel.

Mais coup sur coup, les deux gendarmes sont tués par d'invisibles adversaires. Le colonel et le citoyen Famine sont démontés au même instant.

Les deux fils Gavésio et le brave Ermel venaient d'être sauvés, sans le savoir, par le capitaine Piment et Arrache-Tout, qui se hâtaient aussi de redescendre en entendant crier : *Au feu!*

Les soldats les virent bien passer, mais les reconnurent et ne les soupçonnèrent pas d'être les auteurs du meurtre des gendarmes.

Quand le colonel arriva devant les palissades avec son bataillon réduit de moitié, le sergent Bayonne vint au-devant de lui !

— Tous nos officiers sont morts, dit-il.

— Tant pis ! fit le colonel.

— Je commande seul le peloton des grenadiers.

— Tant mieux pour toi, sergent.

— Nos gendarmes sont tous restés sur le carreau !

— C'est comme les miens ! dit le colonel.

— J'ai voulu empêcher les sans-culottes de brûler le manoir avant votre arrivée ; j'y ai réussi d'abord, j'attendais vos ordres..... Mais ils ont forcé la consigne ; ils ont je ne sais comment, jeté du feu sur le chaume... et vous voyez !

— Très-bien, sergent ! je suis content de toi ! Et ton protégé, s'est-il bien comporté ?

— Comme un ange, mon colonel ; vous n'avez jamais eu caporal pareil à Géranium.

Cette conversation avait lieu dans l'avenue, pendant que la colonne prenait position tout autour des barricades et de la douve.

Malgré l'incendie les Chouans ripostaient vivement. Ermel et Kerbozec dirigeaient leur feu. Piment et Arrache-Tout, postés à vingt pas derrière les grenadiers, examinaient en connaisseurs les effets de l'incendie.

— Voyons voir ! avait dit le capitaine.

— Voyons voir ! avait répondu le maître de manœuvre. Ils ne devaient pas rester longtemps à regarder.

XII.

INTÉRIEUR DE ROSVEN.

Au manoir, lorsque retentit le cri : « aux armes ! » l'aîné de la famille n'avait guère avec lui que des vieillards et des enfants ; — toutefois, les domestiques, quelques garçons de labour et Bastin formaient encore une petite troupe de gens valides, capables au moins de garder la porte et le pont-levis de la douve

Les dépendances de Rosven servaient déjà de refuge aux paysannes du bourg et à leurs enfants en bas âge. Saint-Ermel était désert. Armand rangea tout autour des palissades les vieillards et les petits garçons, en leur enjoignant de bien regarder à travers les fentes, et de l'avertir au moindre événement. Il voulut ensuite confier le peloton du du pont-levis à Bastin, pour aller voir ce qui se passait dans l'intérieur du manoir ; mais le gendre du vieux Pierre refusa ce poste honorable.

— Pardonnez-moi, monsieur Armand, dit-il ; le père Gavésio m'a défendu de vous quitter d'un pas. Donnez, s'il vous plaît, le garde de l'entrée à un autre ; quand vous y serez, moi j'y serai aussi.

— C'est bien, interrompit le vieux gentilhomme, où est Malo ?

— Comme j'ai ordre de rester avec vous ; lui a ordre de demeurer auprès du bonhomme.

Touché de la prévoyance du fermier, Armand ne fit aucune objection, et confia la défeuse spéciale du pont-levis à celui des serviteurs qu'il croyait le plus ferme. Puis toujours accompagné par Bastin, il rentra dans la grand'salle.

Là, les fermières, dignes sœurs des Gavésio, se conduisaient envers les dames du manoir comme leurs frères envers les gentilshommes. Toinette secondait Mélite et Malo, qui s'efforçaient de ranimer le patriarche de Rosven. Jeanne du Gavre, la promise d'Alain, s'occupait de Francésa ; elle aidait Louise, pendant que d'autres filles de la métairie veillaient sur les enfants.

Le recteur de Saint-Ermel n'était pas oisif, il tâchait de rassurer les femmes effrayées, il passait du manoir aux bâtiments où se tenaient les paysannes de Saint-Ermel.

— Moi ! disait le petit Jean VII, je suis un homme, je veux aller me battre à côté de mon papa contre les Bleus !

Lorsqu'Armand reparut, les efforts de Mélite et de Toinette avaient pour effet de rappeler à lui le bonhomme Jean-François, qui dit de l'accent d'un homme qu'on éveille :

— Ah ! mon Dieu ! quel horrible cauchemar !... qui est là ?..

— Moi, grand-père !.... votre petite Mélite.... votre enfant.

Un sourire effleura les traits du vieillard, qui leva les yeux et aperçut Armand triste et sombre ;

— Qu'y a-t-il donc mon fils ?.... Pourquoi me regarder ainsi ?..

— Mon père, dit l'aîné de la famille, il serait peut-être bon de vous faire reporter dans votre chambre; vous n'avez pas dormi de la nuit..

— Moi !... que dis-tu ?... reprit le vieillard.

Le bruit de la fusillade parvint alors à ses oreilles ; ses yeux prirent une expression nouvelle :

— Ah ! s'écria-t-il.... mes enfants se battent ! n'est-ce pas ?... J'avais oublié !....

Armand n'osa répondre ; il craignait un seconde crise de faiblesse ; Mélite, que son angélique bonté rendait forte, Malo, Toinette, Bastin et son mari conçurent la même crainte, ils se trompaient tous.

Jean-François passa la main sur son front, et de sa voix rauque :

— Le jour du péril est arrivé... Dieu les protége !... Armand, tu as raison !... A toi la garde de notre vieille demeure. Les vieillards et les enfants t'embarrassent. Adieu !. Nous prierons là haut, nous qui ne sommes point capables de combattre... Qu'on m'emporte dans mon fauteuil.. qu'on m'emporte !... Il te faut, à toi, la grand'salle de Rosven... Allons !... les instants sont précieux... Venez ! mes filles... venez ! mes arrière-petits-fils...

Ayant ainsi parlé, Jean-François donna sa bénédiction paternelle à son fils Armand.

— Je vous bénis tous ! dit-il, tous ! présents et absents. Mais moi ! je l'ai déclaré, je ne veux pas mourir hors de Rosven... Défendez cette maison comme mon tombeau... Adieu !

On emportait le vieillard octogénaire, tandis que son fils, autre vieillard qui avait vu déjà son soixante-deuxième hiver restait frappé de douleur au milieu de la grand'salle.

Après le bonhomme, dont Toinette et Malo soulevaient le fauteuil, pendant que Mélite soutenait encore son front, —Louise et Jeanne du Gavre passèrent en donnant le bras à Francésa, revenue à elle, — mais qui n'avait pas retrouvé son énergie ; — les enfants, emmenés par les filles de la métairie, sortirent les derniers ; Jean VII, alors âgé de onze ans, s'échappa et vint en courant retrouver son grand-père :

— Je suis un homme! répéta-t-il, je veux rester avec vous bon papa !... Il y a des petits gars comme moi dans la cour. Laissez-moi aller avec eux.

Armand, les bras croisés sur la poitrine, n'entendit point; mais Louise, échevelée, haletante, poussant des cris affreux, rentra tout à coup dans la salle :

— Mon fils! mon enfant! Jean! qu'est devenu mon fils? s'écriait-elle.

La jeune femme, en arrivant dans la chambre haute, s'était aperçue qu'un de ses enfants lui manquait. Elle prit le petit garçon dans ses bras avec un mouvement exalté qui tenait du désespoir :

— Toi! sortir !... non! non !... Ah! je l'ai retrouvé!...

Jean VII n'osa rien ajouter, il se laissa emmener par sa mère ; Armand leur fit un signe d'adieu, et se précipita dans la cour suivi par l'impassible gendre du bonhomme Gavésio.

La grand'salle resta déserte, la porte du manoir ouverte à deux battants.

Armand se plaça sur le perron. L'entrée des palissades et le pont-levis étaient à trente ou quarante pas devant lui. A sa gauche il entendait les coups de feu de l'attaque du marais ; à sa droite, mais un peu de face, les détonations rapides de la troupe de Kerbozec ; en arrière, sur toute l'étendue du bois de Rosven, retentissaient comme un roulement non interrompu les décharges des tirailleurs d'Ermel et celles de leurs ennemis.

Là, dans une noble attitude, l'aîné de la famille La Faugerais, imposant à son cœur le devoir nouveau de rester inébranlable, entrait peu à peu dans son rôle.

Armand, il ne faut pas l'oublier, n'était point homme de guerre ; sa vie s'était paisiblement écoulée dans Rosven, où, même, il ne dirigeait les travaux agricoles qui depuis un petit nombre d'années. Mais il sentait que de droit le commandement général lui appartenait, bien qu'Ermel en eût été chargé du consentement commun ; il savait surtout que les gens du bourg n'établiraient pas de distinction entre lui et ses fils, et qu'ils le regardaient toujours comme leur chef supérieur.

— Ce n'est plus ici, pensa-t-il, en fils ni en frère que je dois me comporter ; il ne s'agit plus seulement de Rosven et de notre famille... Je suis responsable de la population de Saint-Ermel tout entière ; il faut que mon dévouement pour elle égale et surpasse le sien envers notre famille.—Arrière donc les faiblesses de mon cœur !..... Protégeons ces vieillards, ces femmes, ces enfants qui n'ont d'autre asile que notre demeure.

Profondément pénétré de la mission qu'il se donnait ainsi, Armand attendit l'instant de prouver par des faits que le salut des paysans de Saint-Ermel était à ses yeux le plus impérieux des devoirs.

Les fuyards de la route du marais arrivèrent les premiers aux bords de la douve ; ils disaient qu'Hilaire avait péri. Armand fit abaisser le pont-levis devant eux, et sans leur faire le moindre reproche d'avoir abandonné son fils, sans proférer une plainte :

— Apprêtez-vous, dit-il, à défendre vos mères et vos sœurs. Aux palissades !

Les jeunes gars remplacèrent autour de l'enceinte les vieillards et les enfants.

Ermel envoya demander du renfort ; Armand ne consentit à laisser partir un certain nombre de ses gars, qu'après avoir reçu avis de l'étrange convention passée entre Kerbozec et le sergent Bayonne. Il vit rentrer Yvon et Hilaire, et en apprenant que son fils vivait encore, il se contenta de dire aux femmes :

— Étendez des matelas dans la grand'salle, ayez bien soin de tous les blessés.

Kerbozec et les marins du *Passe-Partout* se montrèrent bientôt ; Armand leur ouvrit, et alors il s'écria :

— Frère, commande maintenant ; il m'est donc permis d'aller revoir mon fils mourant.

Kerbozec répartit ses marins autour de la douve, se posta autour du pont-levis, et défendit bien de faire feu sur les grenadiers.

Tous les Chouans, rassemblés alors dans la cour, connaissaient déjà parfaitement Géranium, Bec-de-Perdrix et l'Enflammé ; ils savaient qu'autrefois ces trois soldats avaient rendu un grand service à Ermel, que pendant le combat il faudrait les épargner, qu'en cas de succès il faudrait seulement tâcher de les prendre. On se montrait les grenadiers, ainsi que le sergent Bayonne auquel le père Gavésio surtout paraissait s'intéresser très-chaudement.

Armand, rentré dans la grand'salle, vit Louise à côté d'Hilaire ; l'infortunée jeune femme essayait inutilement de retenir ses sanglots. Mais à présent, Francésa n'était plus cette faible enfant qu'un fatal présage avait glacée d'épouvante. La fiancée d'Ermel, à la grande surprise des femmes assemblées dans la chambre haute, devint tout à coup calme et sereine.

— Il combat! et je tremble!.... et je pleure!... s'écria-t-elle. Non! non! Je veux être digne de lui.

A ces mots, elle dit à sa sœur : — Va! Louise, je serai forte!

Elle le fut en effet. Lorsqu'on apporta les blessés, ce fut elle qui eut l'énergie de diriger les femmes; elle donna l'exemple du travail; elle défit les lits du manoir, elle prépara le linge, les draps, les bandages. Sa présence d'esprit était un objet d'admiration pour Jeanne du Gavre et pour les filles de Gavésio. Francésa n'oubliait rien. Elle courait du haut en bas de la maison, trouvant sans hésiter et rapportant tous les objets nécessaires.

Louise, vaincue par la douleur, resta sans forces auprès d'Hilaire; Francésa fut la première à dire comment il fallait s'y prendre pour panser un blessé. Grâce à elle, les fermières, dont la terreur paralysait la bonne volonté, retrouvèrent leur courage. Bientôt après, malgré la fusillade, la chambrée était convertie en une salle d'hôpital où toutes les femmes se comportaient comme autant de sœurs hospitalières.

Armand trouva Hilaire sur son séant; il le vit essayer de calmer la douleur de sa femme et demandant qu'on lui amenat ses enfants. Il fut alors permis à Jean VII et à ses petits frères de redescendre.

Après avoir donné quelques louanges au brave Hilaire et à Yvon, qui était déjà sur pied, malgré la gravité de ses blessures, Armand se rendit chez le bonhomme.

A côté du patriarche, il n'y avait plus que Mélite et Malo; l'une, triste et douce, ne disant que quelques paroles harmonieuses comme la prière d'un ange; l'autre, silencieux, serrant convulsivement son fusil, et allant de temps en temps à la fenêtre pour voir s'il était temps de faire feu. Les contrevents étaient hermétiquement fermés mais on y avait depuis longtemps pratiqué des meurtrières, c'était par là que Malo observait les mouvements extérieurs.

Malo tenait le bonhomme au courant de tout.

Une majesté radieuse illuminait maintenant les traits du patriarche de Rosven. En voyant entrer son fils Armand, il dit avec sang-froid :

— Eh bien ! nos braves ont repoussé l'attaque du Nord, Ermel soutient la défense dans l'Ouest, et nous ne sommes menacés que par la troupe des sans-culottes qu'Hilaire a longtemps arrêtés, que Kerbozec a décimés et qu'on tient en respect. Espérance !

— Quoi ! vous savez tout ! s'écria l'aîné de La Faugerais, vous saviez qu'Hilaire est blessé grièvement...

— Oui, mon fils, mais il ne succombera point ! Oui, je sais tout ce que le brave Malo peut voir par ces meurtrières... Je n'ai pas été sans craintes quand il m'a dit qu'une compagnie de grenadiers marchait dans l'avenue ; ensuite j'ai compris que les sauveurs d'Ermel à Valmy sont là...

— Et avec eux un sergent qui...

Des cris : *Au feu !* se firent entendre ;—Armand s'interrompit ; Malo s'écria :

— Le feu est au manoir.

— Où ?

— Au toit de chaume de l'aile gauche.

— Il faut descendre, mon père !

— Ne t'inquiète pas de moi, dit paisiblement le bonhomme. Va en bas ! que les blessés évacuent la grand'-salle... Adieu !

D'un geste impératif, le vieillard octogénaire congédia

son fils aîné, qui se retourna encore avant de sortir. Il vit alors le bonhomme les mains jointes, les yeux levés au ciel dans l'attitude d'un martyr, Mélite pieusement inclinée sur le vieillard, et Malo dont la pose et le regard signifiaient clairement : — Je le sauverai !

— Mélite ! Mélite ! s'écria Armand, non ! ne reste pas en haut !

— C'est juste, mon enfant, dit aussitôt le patriarche.... Moi seul je dois mourir dans mon manoir... Les flammes viendront me dévorer avec les images de mes ancêtres !... Enfant, reçois mon dernier baiser.

Mélite hésitait.

— Allez donc, mademoiselle, dit Malo ; ils vous le commandent tous les deux.

— Que Dieu vous protége ! dit encore le vieillard en faisant le signe de la croix.

Armand ordonna du geste à Malo de bien veiller sur son père, — c'était un ordre inutile ; — puis se réservant d'envoyer au secours du vieillard, il se précipita dans l'escalier, entraînant Mélite par la main.

Le fils de Jean-François dut faire un effort suprême pour laisser ainsi son père à la garde d'un seul homme ; mais son devoir lui commandait d'aller faire évacuer le manoir, et d'ailleurs l'incendie qui commençait, n'avait encore entamé que la toiture en chaume de l'aile gauche.

En ce moment, les sons du biniou devinrent plus distincts Kerbozec ouvrit à Ermel et à ses gens la porte des barricades ; le pont-levis fut levé pour ne plus s'abaisser.

Le colonel La Patrie rangeait sa troupe autour de la douve, à petite portée de fusil, mais dans les broussailles et derrière les fossés, car maintenant il pouvait profiter aussi des clôtures particulières aux cultivateurs de Bretagne,

XIII.

INCENDIE.

Le sergent Bayonne, en rendant compte de sa conduite au colonel La Patrie, avait brièvement dit que l'incendie était le fait des sans-culottes.

Ces derniers, en effet, se voyant arrêtés en avant par les grenadiers, en arrière par les gardes nationaux, se décidérent à franchir les barrières de la route et se dispersèrent dans les bois.

Quelques-uns des ouvriers du port de la section des Vieux de la Cale imaginèrent alors de fabriquer des fusées de cartouches et de paille enflammée ; ils se glissèrent, à l'insu du sergent, le plus près possible de l'aile gauche du manoir, et lancèrent leurs artifices au moyen d'une grosse pierre, sur le toit jadis recouvert en chaume, malgré les vives réclamations du père Gavésio.

Une brise assez fraîche développa rapidement l'incendie ; — au moment où Kerbozec ouvrit à Ermel, les flammes dévoraient la charpente vermoulue de l'aile inhabitée.

— Animaux! dit le colonel avec colère. On pille d'abord

et on brûle après ! Nous nous serons battus comme des enragés pour ne trouver qu'un monceau de cendres !

— Mais ! dit le citoyen Famine, parfaitement à couvert derrière un gros arbre, et qui commençait à respirer plus librement ; — mais, mon cher colonel, ce n'est que le manoir ceci. Restent la commune, l'église et le presbytère.

— Peste ! s'écria le colonel, je commence à comprendre pourquoi ces damnés sans-culottes ont tous disparu.

Les soldats et gardes nationaux cernaient les palissades : ils tiraient sur les Chouans, qui leur ripostaient de leur mieux ; mais on se faisait peu de mal, car de part et d'autre on était abrité. Quant aux patriotes, Citoyens-Libres ou Vieux de la Cale, ils avaient depuis un bon moment abandonné la partie. De rage ils avaient mis le feu au manoir, et trouvant ensuite les chemins dégagés, ils s'étaient précipités sur la bourgade, qu'ils pillaient et dévastaient à leur aise.

— Comment ! il sera donc dit que nous aurons tiré les marrons du feu pour vos coquins de sans-culottes !... reprenait le colonel... Non ! non ! devrais-je y perdre la moustache !.. Trompette, va dire au sergent Bayonne de rallier ses grenadiers et de se rendre à mes ordres !

Le colonel avait encore plus de monde qu'il ne lui en fallait pour entourer complètement la douve ; il prit ses mesures de manière à remplacer les grenadiers destinés à chasser de Saint-Ermel les pillards et les incendiaires.

Quand le sergent Bayonne fut accosté par le trompette du colonel, il venait d'échanger avec Géranium quelques mots fort inattendus. L'honnête caporal grognait et jurait tout en déchirant sa cartouche.

— Métier de brigands, murmurait-il.... Et penser qu'il faut faire feu... Vois-tu, Bec-de-Perdrix, ça me saigne le cœur !

— Te force-t-on à tirer à balle? lui dit à l'oreille Bayonne, qui se trouva tout à coup derrière lui.

Le caporal se retourna comme un serpent dont on écrase la queue.

— Espion! traître! chien! s'écria-t-il en croisant baïonnette sur le sergent.

Mais le sous-officier, avec une vigueur peu commune, détourna le fusil, et sans paraître irrité :

— Fais comme Piment et Arrache-Tout, puisque les Blancs sont tes amis!... Imbécile ne vois-tu pas que je les aime aussi?

— Qui êtes-vous donc? vous!

— Ça ne te regarde pas!..... Rappelle-toi seulement que tu as croisé baïonnette contre ton chef... qui te pardonne, — et contre ton ami... qui t'en remercie presque!..

Bec-de-Perdrix et l'Enflammé avaient tout vu, tout entendu.

— *Motus!* leur fit le sergent.

— Ma foi, dit le premier en signe d'assentiment, voici bien un quart-d'heure que je manque exprès.

— Allons! murmura l'Enflammé, encore de la politique! Passons donc aux Chouans et que ça finisse.

— Il n'est pas temps! répliqua dogmatiquement le sergent Bayonne.

Sur trois tons différents, Géranium, Bec-de-Perdrix et l'Enflammé firent : « Ah!..... ah!..... ah!..... » — triple exclamation qui fut assaisonnée du juron favori de chacun des grenadiers.

Le trompette survint immédiatement après cette gamme soldatesque.

Par l'effet d'une combinaison militaire du sergent, une quinzaine de grenadiers furent laissés à leurs postes de tirailleurs; mais il est bon de faire remarquer qu'aucun d'eux n'était vieux soldat. Tout au contraire, quinze ou vingt autres, qui n'auraient pas dû faire partie du détachement, furent nominativement désignés par Bayonne. Cette troupe ennemie des sans-culottes, se trouva bientôt dans la grande allée faisant route pour Saint-Ermel avec ordre d'empêcher le pillage.

Une peur nouvelle galoppait le brave l'Enflammé, qui, cette fois, comme Géranium peu d'heures auparavant, se prit à regretter les Bavarois et les Hanovriens. Le caporal était enchanté. Bec-de-Perdrix, suivant sa coutume, balançait entre la frayeur de l'un et la gaîté de l'autre.

Les ordres du colonel irrité étaient précis; Bayonne établit son peloton en carré sur la place de Saint-Ermel, ordonna au tambour de faire un roulement, et, après un ban, il proclama l'ordre du commandant supérieur de cesser le pillage.

Les sans-culottes étaient trop bien en train pour s'arrêter; ils ripostent par des railleries; des railleries on passe aux injures, des injures aux coups de fusil. Mais la partie n'est pas égale; les bonnets rouges sont de beaucoup les plus nombreux. La plupart retranchés dans les maisons fusillent les grenadiers formés en carré sur la place. Les grenadiers furieux se dispersent, enfoncent les portes, et chaque chaumière devint le théâtre d'une lutte infernale.

Tout à coup une masse de gens armés, arrivant par la route de Josselin, pénètre dans le bourg en hurlant le *Ça ira.*

L'intervention inattendue des patriotes de Ploërmel et de Josselin, qui viennent prêter main forte aux Bleus contre les Chouans, changea la face des affaires à l'instant où les sans-culottes de Vannes commençaient à demander quartier. Le sergent Bayonne était avec Géranium, l'Enflammé, Bec-de-Perdrix et presque toute la chambrée dans l'église du bourg, où ils avaient impitoyablement fusillé les dévaliseurs. Les sectionnaires de Ploërmel et de Josselin veulent s'interposer.

— Caporal! crie le sergent, défends ton poste, je vais prévenir le colonel.

— Défendre l'entrée, ce n'est pas malin, dit Géranium en barricadant la porte.—S'ils la brûlent, nous sommes une douzaine de solides gaillards qui saurons bien faire un feu de deux rangs... mais je veux bien être pendu si je sais comment il s'y prendra pour avertir le colonel.

Géranium avait compté sans la prodigieuse agilité du sergent, qui met son fusil en bandoulière, grimpe comme un chat à l'une des hautes fenêtres du monument, casse quelques vitres, passe à l'extérieur et saute.

— C'est le diable, pour le moins, ce charabias! dit Géranium.

Il ne put voir le sergent se jeter avec un élan extraordinaire sur un arbre du presbytère, descendre de branche en branche, franchir un mur, et fuir sous le feu des patriotes.

Lorsque Bayonne arriva devant Rosven, ce n'était plus seulement l'aile gauche, mais le manoir entier qui brûlait. Les Bleus ayant comblé la douve avec des fascines, faites à la hâte par l'ordre du colonel, y avaient mis le feu, qui s'était ensuite communiqué aux palissades. Des gabions pleins de terre étaient prêts aussi pour remplacer les fascines et improviser une sorte de pont.

Bayonne arriva au moment même où les tambours battaient la charge.

L'intrépide colonel faisait rouler les gabions du côté du vent; les défenseurs de Rosven, aveuglés par la fumée, ne ripostaient que par des décharges incertaines.

Le sergent veut en vain se faire entendre par le commandant en chef; il n'y parvient pas; puis, entraîné par la masse des Bleus, il passe la douve et se trouve en face d'Ermel.

Les Blancs formaient alors une sorte de triangle ayant pour base les murs du manoir embrâsé, pour côtés deux lignes compactes d'hommes désespérés et décidés à vendre chèrement leur vie. Les premiers rangs, armés de fourches et de faux, sont immobiles ; les rangs de derrière, tirant à travers ces créneaux humains, font un feu roulant aux cris mille fois répétés de : Vive le Roi !

Pierre Gavésio, Kerbozec et les marins du *Passe-Partout*, déguisés en paysans, tiennent bon au sommet. Au milieu se trouvent les femmes, les enfants, les blessés. C'est une horrible scène de désolation.

Ermel et Alain, qui dirigent de concert la résistance générale, se portent tour à tour aux points les plus menacés. Ils étaient à la gauche, non loin des corsaires, lorsque le sergent Bayonne les aperçut.

A leur aspect, le sous-officier républicain poussa un cri sauvage si terrible, si étrange, que ce cri domina pendant une seconde la clameur générale.

— Laissez-le entrer ! dit Ermel.

Les faux et les fourches s'inclinèrent; le sergent Bayonne tomba aux genoux du chevalier en disant :

— A vous ! à l'ami du capitaine d'Amblemont !

— Brave Antonio, répond Ermel en le relevant, combats donc à nos côtés.

Le sergent Bayonne n'était autre qu'Antonio Muniz y Bayen, qu'Alain avait laissé pour mort à la bataille de Valmy. On n'avait pas le temps d'entrer en explications; toutefois le sergent dit encore, après avoir embrassé Alain :

— Parmi ces soldats, j'ai des camarades ; je voudrais bien être bon à autre chose...

Des cris qui partaient du perron indiquèrent suffisamment à Antonio qu'il pouvait servir autrement qu'en tournant ses armes contre les soldats du colonel La Patrie.

Armand, Bastin, Malo, étaient dans l'intérieur du manoir ; les deux premiers, voyant que l'incendie gagnait et que le bonhomme ne descendait pas, y étaient entrés en disant :
— Nous le ramènerons ou nous périrons avec lui.

Mélite ayant voulu les suivre, Toinette Bastin l'arrêta sur le seuil. Alors la jeune fille se mit à genoux à côté du recteur de Saint-Ermel.

Malgré le feu de l'ennemi, malgré la chute des palissades, les cœurs de la multitude battaient d'effroi en songeant aux maîtres et aux serviteurs, qui allaient être la proie des flammes. L'escalier intérieur s'écroulait.

Antonio se fait indiquer la fenêtre du bonhomme, dont Malo vient d'entr'ouvrir les contrevents. L'agile Basque se débarrasse de son équipement de combat, s'accroche aux pierres de l'extérieur, glisse par deux fois, saute et retombe à terre. Prenant alors un élan prodigieux, il essaie de nouveau, arrive jusqu'au bord et perd encore l'équilibre. Il va tomber pour la troisième fois, quand une main vigoureuse, tendue à temps le retient et l'enlève.

Les Chouans et les Bleus eux-mêmes sont stupéfaits. Les bonds du sergent, l'accueil que lui fait un marin en bonnet rouge, c'est-à-dire Arrache-Tout, les périls inouïs que courent ces hommes entourés de flammes, tout cela est si étrange que le combat reste un instant interrompu.

Le colonel La Patrie aperçoit de loin Arrache-Tout et Piment dans la chambre en feu ; il les prend pour des pillards. La présence de son sergent en pareil lieu le confond de surprise. Eufin un gros rouleau de draps et de rideaux est attaché à la fenêtre, Arrache-Tout, portant le bonhomme dans un fauteuil, et puissamment secondé par le capitaine Piment, se glisse d'abord en bas; Malo les suit. Antonio et Bastin, s'aidant l'un l'autre, descendent ensuite Armand, pâle de douleur, abattu, méconnaissable.

Le bonhomme, posé un peu en avant du perron s'écriait:

— Pourquoi m'arracher de la maison de mes pères?... Mon heure est venue..... Je devais mourir sous le toit de Rosven !

Armand suppliait le vieillard de pardonner à ses sauveurs, mais Jean-François Bozec, avec un accent qui tient du délire, reproche à ses fils et à ses serviteurs d'avoir violé sa dernière volonté.

Mélite, Louise et Francésa s'approchent de lui ; Hilaire, qui maintenant est un peu moins souffrant, se fait traîner à côté du patriarche.

Ermel et Kerbozec combattent encore, car la fusillade recommence avec une nouvelle furie.

Un nuage de fumée enveloppe bientôt les deux partis, l'on se tue à bout portant. Le combat devient une épouvantable mêlée. L'action est une sorte de chaos ; mille mouvements simultanés se croisent au pied du manoir qui craque de toutes parts.

Il y a trois quarts d'heures tout au plus que le colonel La Patrie est arrivé avec sa troupe ; déjà la dernière enceinte de Rosven est envahie.

Piment et Arrache-Tout, parvenus à travers les rangs des soldats et les feux de l'incendie, jusqu'à l'endroit où Armand, Bastin et Malo Gavésio se disposaient à périr, ont brusqué la situation. Secondés par Antonio, ils ont sauvé de vive force les deux châtelains.

A peine le bonhomme est-il en bas, que la flamme et la fumée sortent en épais tourbillons par toutes les ouvertures du manoir; les toits s'écroulent; les charpentes embrasées tombent avec fracas. L'épouvante gagne les Chouans qui manquent de munitions. Les Bleus s'avancent à la baïonnette.

De Saint-Ermel descend une troupe de nouveaux sans-culottes qui veulent à leur tour prendre part au massacre. Les femmes et les enfants s'enfuient à travers les ennemis. Des débris fumants comblent les douves; les fuyards s'y précipitent.

Cependant maître Piment et Antonio ont échangé un serrement de main

— Où sont vos grenadiers? s'écrie le corsaire.

— Ils se battent contre des sans-culottes.

— Tâchez de les rallier ici! ici!

Antonio a repris son équipement militaire, il fend la mêlée et disparaît.

Piment, précédé par Arrache-Tout, qui lui fraie un passage à coups de barre de fer, retrouve ses matelots, réduits à dix, ruisselant de sang et de sueur. Il donne un coup de sifflet.

— A moi! dit-il.

Les corsaires qu'Arrache-Tout entraîne et que guide Mathieu Piment franchissent la douve et s'éloignent pour un instant du champ de bataille.

Autour de la famille La Faugerais il n'y avait plus que Gavésio, ses quatre fils, son gendre, ses filles et ses petits-fils, les autres Chouans s'étaient dispersés ou avaient péri.

Les patriotes de Vannes, de Ploërmel et de Josselin sont

dans la grande allée; ils ont à leur tête le citoyen Famine, tranquille depuis que la fusillade fait silence ; le valeureux tanneur-corroyeur vient de quitter l'abri de son gros arbre et se prépare à des discours foudroyants.

Un silence relatif règne dans l'enceinte de Rosven.

Le bataillon du colonel La Patrie et les gardes nationaux, alignés en bon ordre, entourent de près le groupe composé de la famille La Faugerais, du recteur de Saint-Ermel et des fidèles Gavésio.

XIV.

LE RECTEUR DE SAINT-ERMEL.

Hommes, femmes, enfants, vieillards, ils étaient atteints presque tous. — Le sang des La Faugerais et des Gavésio coulait de vingt blessures.

Les deux familles sont unies dans la douleur, comme elles l'étaient naguère dans une paix douce et pure, par la foi, par la charité, par l'amour de Dieu et du prochain.

Malgré la fureur qui animait les Bleus, malgré les pertes énormes qu'ils venaient d'éprouver, le colonel La Patrie et les soldats républicains restèrent un instant l'arme au bras et les admirèrent.

A mesure que l'incendie était devenu plus intense, Malo et Bastin avaient éloigné du foyer brûlant le siége du vieillard octogénaire, fauteuil de funèbre mémoire où naguère Zébédée de Kerfuntun rendait le dernier soupir.

Le patriarche de Rosven s'était tû à la voix du recteur de Saint-Ermel ; car le prêtre, déjà rayonnant de l'auréole du martyre, l'avait interrompu en s'écriant :

« — A l'heure de la mort, seigneur de Rosven, oubliez

les vanités de la terre!... Chassez de votre cœur les suggestions de l'orgueil. Vos enfants et vos petits-enfants restent muets en votre présence... Ils respectent votre volonté profane... Mais il appartient au ministre du Dieu mort sur la croix, de vous exhorter à souffrir en chrétien !

» Vieillard, il ne suffit pas d'avoir vécu en faisant le bien, il faut savoir mourir humble et résigné.

» Pourquoi vous élever contre les décrets impénétrables de la Providence? Dieu, qui vous protége jusqu'à cette heure suprême, ne permet point que vous périssiez dans votre superbe de gentilhomme. Rendez-lui grâce de sa bonté miséricordieuse.

» Vous vouliez vous faire écraser sous le toit de vos ancêtres!..... Le Seigneur a eu pitié de votre égarement : car le véritable chrétien ne doit jamais disposer de sa vie!... Il doit attendre la mort, et l'accepter telle qu'elle lui sera imposée... Si l'échafaud vous est réservé, remerciez Dieu!... Homme faible, vous avez péché. »

Ainsi parlait le prêtre, et peu à peu l'exaltation de Jean-François Bozec de La Faugerais se calmait, et il redevenait, selon le précepte de l'Ecriture, semblable à un enfant ; car il écoutait les mains jointes, et il murmurait :— «J'ai péché.»

Or, les balles sifflaient encore lorsque le recteur de St-Ermel proférait ces discours sévères qui rendirent la résignation au patriarche de Rosven.

Alors Mélite était à côté de lui, s'abreuvant de la divine parole, et belle d'une angélique sérénité, elle levait les yeux au ciel; puis elle regardait le prêtre, puis elle se réjouissait parce que le vieux sire de Rosven se soumettait au ministre du Seigneur.

Une balle avait frappé la jeune fille à l'épaule, et le sang ruisselait sur sa robe de deuil et l'une des femmes de Gavésio voulait la panser; mais elle, avec un sourire :

— Laissez, laissez, mon amie, dit-elle, cela ne fait point de mal.

Et le pasteur aussi avait été frappé d'une balle. La main qui bénissait fut percée, mais il ne permit point qu'on s'en occupât, et, l'enveloppant d'un mouchoir, il continua de raffermir les âmes des gentilshommes.

Armand était consterné : il inondait de ses larmes les cheveux blancs de son père, il gémissait sur le sort de ses enfants.

— Vous avez tiré le glaive, vous périrez par le glaive ! reprenait le pasteur...... Mais bénissez le Ciel, car vous avez combattu pour une cause juste. Le courage du soldat n'est point le courage du martyr...... Ayez donc la force d'être comme ces premiers chrétiens qui glorifiaient Dieu tandis que leurs pères, leurs mères, leurs femmes et leurs enfants étaient déchirés par des bêtes du cirque.

Armand écoutait avec stupeur Hilaire, couché à ses pieds, brisé par de graves blessures qu'on avait pansées dans la grand'salle, Hilaire dit au prêtre :

— Épargnez leur faiblesse, monsieur le recteur ; pourquoi les traiter ainsi ?

— Mes paroles, jeune homme, sont consolantes et douces, car elles ouvrent le chemin du ciel. Au lieu de vous adresser à moi, ordonnez à votre épouse et à vos enfants de louer Dieu...... Le Seigneur nous appelle à lui, unissons nos voix dans de pieux cantiques.... Vous ne quittez la terre que pour être réunis dans le séjour des élus !

Louise ne pouvait entendre. Elle était semblable à une lionne qui défend ses petits, elle avait forcé ses enfants à se grouper à côté d'Hilaire, et puis, les yeux hagards, échevelée, frémissante, elle leur faisait un rempart de son corps.

Plusieurs balles l'avaient déchirée ; elle se tenait encore debout, défiant pour ainsi dire la troupe ennemie, et elle criait :

— Non! non! ils ne m'arracheront pas mes enfants !

Francésa, soutenue par Jeanne du Gavre, ne perdait pas de vue Ermel qui combattait toujours.—Etait-il en danger, elle chancelait, murmurait son nom, puis se redressait et voulait courir à lui. Jeanne, dévouée à la fiancée d'Ermel car elle était la fiancée d'Alain, Jeanne veillait sur elle, la caressant comme sa fille, et murmurant à ses oreilles des paroles d'espérance. Mais lorsque les Chouans, manquant de munitions, décimés, épouvantés, vaincus, n'eurent plus que la force de se frayer un passage à travers les Bleus et de fuir, les uns seuls, les autres entraînant leurs enfants ou leurs femmes, ou emportant sur leurs épaules des vieillards, des infirmes, des blessés—(les traits de dévouement abondèrent alors),—alors Francésa voyant Ermel et Alain abandonnés, entourés par les Bleus, près de périr, ne put être retenue. Elle part comme un trait, Jeanne du Gavre la suit; toutes deux se jettent entre les soldats et leurs fiancés : leur beauté sublime les sauve pour un instant ; — car les Bleus, frappés d'étonnement et d'admiration, retiennent leurs coups.

Ermel et Alain, ramenés au centre par les deux jeunes filles, s'y arrêtèrent :

— Vivre ou mourir avec vous ! peu importe !... mais ne plus nous séparer!.... s'écria Francésa.

— Mourir pour eux ! dit Alain.

— Ou avec eux !... dit Jeanne du Gavre.

Le vieux Gavésio criait, en rapportant le vicomte de Kerbozec gravement blessé aux deux genoux :

— A moi ! à moi ! mes enfants !... à moi mes garçons et mes filles,.... Pour Rosven ! il faut mourir !

Un roulement de tambour couvrit sa voix; néanmoins ses fils et ses filles, obéissant à ses gestes, se rangèrent dans une attitude menaçante autour de La Faugerais, faisant face aux Bleus.

Mathieu Piment, voyant cela, dit : — C'est bien! j'ai le temps !

Il venait de franchir la douve avec Arrache-Tout et ses dix corsaires, tous plus ou moins blessés, mais encore en état de combattre. — Après leur avoir donné ses ordres, il se posta, en observation sur un arbre, afin de bien voir ce qui se passait dans la cour de Rosven.

— Ces Gavésio, je l'avais toujours pensé, sont de braves garçons, murmurait-il entre ses dents. Si je pouvais leur dire d'attendre!... Allons! les voilà qui vont se faire hacher pour rien !... Je leur enverrais bien Arrache-Tout, et il arriverait! mais dam! il n'en reviendrait pas... Et puis, faut avoir l'air républicain...... Allons! tant pis pour les Gavésio!... C'est dommage tout de même!... Ah! ah! bon ! le colonel fait faire bas le feu! Il leur laisse la place pour se débrouiller.

Arrache-Tout était au bas de l'arbre.

— Dis donc aux autres de se manier!..... ça presse! lui cria le capitaine corsaire.

— Ils font tout ce qu'ils peuvent; mais le gréement n'est pas commode à trouver.

— Passe la douve et rapporte !

— On y va !...

Arrache-Tout, en trois bonds, fut de l'autre côté de la douve, dépouillant des cadavres républicains et se chargeant de bonnets rouges, de gibernes, de carmagnoles. Il revint bientôt. Bientôt aussi les dix autres corsaires reparurent et achevèrent leur toilette au milieu des taillis, de manière à pouvoir se mêler ensuite aux patriotes qui hurlaient dans la grande allée :

> Vive le sang
> Des Chouans!

Ayant achevé de se travestir en sans-culottes, les gens du *Passe-Partout* se dispersèrent avec l'ordre d'arriver dans la grande allée par plusieurs sentiers différents.

— Vous m'entendrez siffler, vous me rallierez! leur dit le capitaine Piment en descendant de son arbre.

Il était évident que les patriotes de Vannes, Ploërmel et Josselin, ne se connaissaient pas tous entr'eux, et que les corsaires ne risquaient point d'être reconnus. Enfin, ils s'étaient en outre barbouillé le visage de poudre, de sang et de boue. Arrache-Tout et Piment tenaient leur réponse toute prête en cas où on leur demanderait pourquoi ils avaient sauvé le bonhomme : — « Espoir de pillage, instinct de métier, désir de voir guillotiner en place publique ce *vieux brigand d'aristocrate!* » Ils continuaient à passer pour des *purs;* les Vieux de la Cale surtout leur gardaient une profonde estime. Du reste, grâce à la confusion, toute explication fut inutile.

Le curé de Saint-Ermel s'adressant alors au père Gavésio, s'écriait avec énergie :

— Assez! assez! au nom du Ciel, plus de massacres!... Pourquoi exciter vos fils et vos filles à se faire égorger et à égorger eux-mêmes?...

— Pourquoi! interrompit le fermier; parce que les maîtres sont les maîtres, et que nous les aimons!.... Alain, je suis content de toi!... Yvon, meurs cette fois, et je te pardonne... Salaün, Malo!... veillez par là! Bastin, Toinette!... attention!... Serrez-vous, mes filles, que pas une balle ne puisse passer.

— Monsieur, dit le prêtre au bonhomme Jean-François, ils ne m'écoutent pas ; ordonnez-leur de mettre bas les armes !

Le prêtre avait aussi reproché à Ermel et à Francésa leur profane exaltation :

— Priez! leur avait-il dit, car l'heure de paraître devant Dieu approche : priez ; soyez chrétiens ; sachez, s'il le faut, vivre ou mourir l'*un sans l'autre !* A genoux!

Les deux amants obéirent et s'agenouillèrent.

En même temps le petit Jean VII qui, lui aussi, était blessé, sauta au cou de sa mère, et dit :

— Ecoute, maman ! papa t'appelle.

La jeune femme se pencha vers son mari. Alors, Hilaire, d'une voix douce et persuasive, la supplia d'écouter les paroles du prêtre. Elle, serrant toujours ses enfants entre ses bras, tomba enfin à genoux et murmura d'une voix éteinte : — « Ah ! mon Dieu ! »

Parmi les La Faugerais, tous les sacrifices, tous, jusqu'à celui d'un cœur maternel, étaient accomplis.

Le vicomte de Kerbozec, posé sur un matelas à la droite de son père, était touché des paroles et de la conduite du recteur. Le vieux capitaine de vaisseau, que le sang-froid n'abandonnait jamais, pensait ainsi :

— La profession du guerrier est belle! Sur mon banc de quart j'étais fier de mes devoirs ; mais qu'est-ce que cela auprès de la mission du prêtre!... Voici un homme simple, qui me confond par la grandeur de sa piété... Sa mission est sublime. Nos exploits étaient jeux d'enfants... Le véritable, le seul héros, c'est lui !...

Kerbozec voyait les effets de la parole sacrée sur la famille des maîtres, mais les serviteurs y avaient résisté.

Cependant le bonhomme Jean-François fit un signe

— Silence! Pierre... mon père veut vous parler, s'écria le capitaine de vaisseau.

A la voix de son frère de lait, le vieux Gavésio se retourne; à l'aspect du bonhomme qui soulevait lentement sa main, le paysan retire son chapeau et dit :

— Enfants ! le maître parle ; écoutons !

Tandis que les troupes finissaient de s'aligner et que le colonel La Patrie faisait faire l'appel, Jean-François eut le temps de dire :

— Mes enfants ! Je me confesse devant vous d'avoir péché..... Vous prierez Dieu pour qu'il me pardonne d'avoir voulu devancer de quelques instants le terme de ma longue carrière.

A la droite du vieillard, derrière le fauteuil, se tenait le prêtre, le crucifix à la main, à gauche, Mélite, semblable à l'ange gardien de son aïeul.

Le vieux Pierre, jusqu'alors dur comme un roc, sentit le sang refluer à son cœur ; ses mains se crispèrent sur son *penn-bac'h*.

Le fils et les filles Gavésio, tournant le dos aux Bleus, écoutaient pieusement le dernier sire de Rosven, qui ajouta:

— J'ai péché contre Dieu ! que son prêtre daigne m'absoudre, car je m'en repens, et voici l'heure de la mort qui sonne..... J'ai péché contre vous aussi, mes enfants..... par mes exemples, par mes paroles, par ma faiblesse!..... Vous tous du manoir... (le vieillard poussa un soupir, le feu pétillait encore).... Vous tous de la ferme, pardonnez-moi !

Le vieux Gavésio fondit en larmes et tomba à genoux.

— Et maintenant, obéissez à notre père à tous, plus de combats! plus de sang !... la lutte est achevée... mourons!

Pierre Gavésio se releva, mais ce fut pour se rapprocher

de Jean-François et se prosterner devant lui ; il baisait ses genoux, ses sanglots étouffaient sa voix.

Cet homme d'Armorique ne se résignait point sans angoisses à voir de ses yeux ses maîtres fusillés dans la cour du manoir ou conduits à l'échafaud, et l'on entendait parfois des mots entrecoupés comme :

— ... Pardon!.. Ils le veulent... Oui!.. nous ne pouvons plus... mes enfants !..

Enfin il se redressa de nouveau pour dire en breton à ses filles et à ses fils :

— Le bonhomme a parlé!.. Laissons là nos armes...

Le prêtre alors entonna le *Miserere*. Hommes, femmes et enfants le chantèrent avec lui.

L'appel du bataillon était achevé.

— Capucinades ! disait le colonel La Patrie. Mais enfin ça vaut mieux qu'une nouvelle bataille. Je craignais que ce diable de vieux Chouan avec ses garçons et ses filles ne nous donnassent encore de la tablature. Chantez ! chantez !.. à votre aise!.. les citoyens du district se chargeront du reste... C'est égal, ces gaillards-là se sont merveilleusement battus!

Au moment où le colonel rendait un semblable hommage au courage des Chouans, un officier vint lui rapporter les résultats de l'appel.

On sait combien le bataillon avait souffert; il ne restait guère que trois cents soldats valides.

— Et Bayonne, et ses grenadiers? où sont-ils? demanda le colonel.

On entendit un tambour qui battait le pas accéléré dans l'avenue.

— Les voici probablement, répondit l'officier.

Vingt-cinq grenadiers conduits par le sergent Bayonne,

traversèrent alors la masse des sans-culottes qui hurlaient dans la grande allée.

Le colonel avait invité Famine à retenir les sans-culottes au delà de la douve jusqu'à ce qu'il fût tout à fait maître du champ de bataille. Pour plus de sûreté, un piquet reçut ordre de garder le passage comblé par des gabions. Les patriotes d'ailleurs voyant que le manoir était brûlé et qu'il n'y avait point d'espoir de pillage, laissèrent faire sans réclamations. Ils ne virent pas avec la même indifférence Bayonne et ses grenadiers, au nombre desquels se trouvaient Géranium, l'Enflammé, Bec-de-Perdrix, et le reste de leur séditieuse chambrée. — A Saint-Ermel, le combat avait à peu près fini faute de combattants. Quelques commissaires de Josselin et de Ploërmel s'étaient interposés en faveur des grenadiers. On n'avait pas brûlé la porte de l'église, déjà pillée, et où Géranium avait successivement recueilli une douzaine de camarades; mais les sans-culottes, reconnaissant qu'il n'y avait plus rien à prendre, étaient partis en jetant le feu dans les malheureuses demeures des paysans; le presbytère fut également livré aux flammes ; l'église seule resta debout.

Le sergent Bayonne revint sur les entrefaites, et commença par adresser à ses vingt-cinq derniers grenadiers un discours dont on devine la substance.

Géranium l'approuva dans sa teneur ; l'Enflammé, contrairement à toute attente, s'écria :

— Ça me va ! nous passerons aux Chouans à l'ordre de Bayonne ! Bon !.. je suis bien sûr à cette heure de ne pas mourir guillotiné!.. fusillé, je ne dis point... mais ce n'est pas la même chose.

Là-dessus les vingt-cinq soldats se mirent en marche.

— La question d'abord, dit le sergent, c'est d'arriver jusqu'au colonel, et si je ne me blouse pas, nous aurons la garde des prisonniers.

— Allons, camarades, chargeons nos armes, et la tête haute! reprit Géranium.

— Pas accéléré, marche! commanda Antonio Muniz dit Bayonne.

Les sans-culottes éprouvèrent une forte envie de tirer sur un peloton qui d'abord les avait arrêtés à l'issue du chemin des marais, et qui ensuite les avait combattus à Saint-Ermel, mais ils n'osèrent pas en venir aux voies de fait sous les yeux du commandant en chef.

Malgré leurs clameurs provocatrices, la petite troupe d'Antonio Muniz y Bayen arriva donc dans la cour, pendant que les La Faugerais et les Gavésio, répondant ou recteur de Saint-Ermel, chantaient encore le *Miserere*.

XV.

LES TOMBEREAUX.

L'arrivée du sergent Bayonne et de ses vingt-cinq grenadiers dans l'enceinte de Rosven retardait encore l'instant où le sort des prisonniers serait définitivement fixé. Les sans-culottes de Vannes s'impatientaient; mais les gens de Josselin et de Ploërmel formant la majorité, Vieux de la Cale et Citoyens-Libres furent contraints d'attendre le bon plaisir du colonel, et d'écouter le discours patriotique d'un orateur dont le nom importe peu.

— Ah çà, sergent Bayonne, s'écria le chef militaire de l'expédition, m'expliqueras-tu d'où tu viens, et ce que tu as fait?

Antonio avait sa réponse prête. Il n'eut qu'à dire la vérité en ce qui concernait ses efforts pour arrêter le pillage du bourg.

— Diable! fit le colonel, et combien t'ont-ils tué de grenadiers?

— Une trentaine, comme vous voyez; mais si vous n'étiez pas là, je crois bien qu'on nous retomberait sur la casaque.

— C'est égal, va toujours !

— Je vous cherchais donc pour vous dire que nous avions besoin de secours, je n'ai pu vous rejoindre..... C'est alors que, sans le savoir, j'ai été entraîné jusqu'au milieu des Chouans. Pour me tirer de là, j'ai fait semblant de vouloir sauver les vieux.....

— Tu as fait plus que semblant, interrompit le colonel.

— C'est vrai, dit le sergent, mais sans ça j'étais perdu, et je ne serais pas retourné au secours de mes camarades.

— Tout ceci me paraît bien louche !... Tu ne devais pas quitter ta troupe ; il fallait m'envoyer quelqu'un.

— Il n'y avait que moi pour sauter de la fenêtre de l'église en bas, comme j'ai fait.

Le sergent, moitié en riant, moitié en raisonnant, vint à bout de se laver de tout soupçon.

— Allons ! tu es un brave, dit l'officier supérieur, prends le droite avec tes grenadiers, et n'en parlons plus !

— Pardon, mon colonel, je voudrais vous demander un poste de confiance, pour prouver aux patriotes que nous sommes de vrais républicains.....

— On verra, dit le commandant en chef qui avait un faible pour le sergent.

Depuis que Bayonne, ou, si l'on aime mieux Antonio Muniz y Bayen, était incorporé dans la colonne révolutionnaire de la Meuse, son sang-froid et surtout sa merveilleuse agilité lui avaient conquis les bonnes grâces du colonel. En quelques mois, de simple soldat il s'était élevé au grade de sergent, au grand scandale de Géranium et de plusieurs grognards qui le traitaient volontiers de *charabias*, non sans motifs. Antonio, qui écorchait la langue française de la façon la plus barbare, se disait des environs de Bayonne, se donnait pour basque français et prétendait avoir été sous-officier dans la garde nationale de quelque bourgade des Pyrénées.

Le fait est que, laissé pour mort à Valmy, les maraudeurs l'avaient dépouillé de tout vêtement. Quand les Français, maîtres du champ de bataille, vinrent pour enlever les victimes du combat, on s'aperçut qu'il respirait encore. Il se rétablit à l'hôpital, et rusé comme il l'était, inventa un conte plausible, en se faisant passer pour volontaire patriote du département des Basses-Pyrénées. On lui demanda son nom; il répondit *Bayen;* on entendit et on écrivit : *Bayonne* De là le nom qu'il portait.

A sa sortie de l'hôpital, on l'incorpora dans le bataillon du commandant La Patrie. Antonio détestait les Prussiens, à la lâcheté desquels il attribuait la mort du capitaine d'Amblemont ; pour le venger il se battit contre eux avec acharnement, se distingua, mérita les galons de caporal et se fit remarquer comme bon militaire. Dans la compagnie d'Amblemont, il avait appris à bien servir.

Un ou deux mois plus tard, quand le bataillon fut changé en régiment, le commandant La Patrie, promu au grade de colonel, le fit sergent, à peu près de son autorité privée.

Antonio suivit dès lors la destinée de la colonne révolutionnaire ; mais à Vannes, il apprit que Rosven était la demeure des La Faugerais, il se souvint d'Ermel et d'Alain ; il commença donc à chercher s'il y aurait parmi les soldats des hommes penchant comme lui pour les gentilshommes persécutés. Quelques mots lâchés par l'imprudent Géranium le mirent sur la piste, il sut bientôt à quoi s'en tenir, obtint de passer aux grenadiers, et voulut se rapprocher du grognard. Il n'y parvint pas d'abord, mais ne doutant pas du concours de Géranium au jour du danger, il sollicita pour lui les galons de caporal.

Dans l'église de Saint-Ermel, avant de reprendre le chemin du manoir embrasé, il fit un peu de mots l'analyse de sa vie. Géranium et Bec-de-Perdrix ne craignirent pas d'avouer alors qu'ils avaient une première fois sauvé Ermel et Alain à Valmy. Les autres grenadiers confessèrent de semblables méfaits. Bref, la troupe entière promit au sergent de se laisser guider par lui.

Ainsi, parfaitement sûr de ses vingt-cinq compagnons, Antonio Muniz prit la droite, conformément aux ordres du colonel. De là, il admira la famille chrétienne du manoir, chantant son hymne funèbre; puis il attendit les événements. Une grande partie de son espoir reposait sur le capitaine Piment et sur Arrache-Tout, qu'il apercevait dans la tourbe des sans-culottes.

Ces derniers, irrités d'attendre, recommençaient à vociférer des cris de mort, lorsque le colonel, toujours à cheval, repassa la douve, et aborda le gros Famine.

— Citoyens! s'écria presqu'aussitôt le vaillant tanneur-corroyeur, les Chouans sont vaincus, les aristocrates sont prisonniers, leur retraite est dévorée par les flammes, l'objet de notre expédition est rempli.

Des hourras en sens divers répondirent à ces mots.

— A mort les aristocrates!.... Rentrons avec leurs têtes au bout de nos piques!.,.. Pas de délai!.... Le peuple souverain n'a déjà que trop attendu!...

— Non! non! criaient d'autres forcenés, à la guillotine!.

— Citoyens! reprit l'éloquent Famine, sans aucun doute les La Faugeras et leurs séides méritent la mort, et ce serait méconnaître les volontés du peuple souverain que différer leur supplice, si l'on ne devait espérer des révélations importantes concernant le procès de La Rouarie.

L'esprit de ce discours avait été soufflé au gros patriote

par le colonel, las de commander des massacres, et qui voulait au moins se décharger de la responsabilité d'une dernière boucherie. Famine, cependant, parlait un peu contre son cœur ; car il craignait encore les révélations concernant Louise et Francésa, mais depuis quelques heures le chef militaire lui avait appris à obéir ; il obéit donc, et sa motion fut applaudie.

Quelques sans-culottes alors se plaignirent du sergent Bayonne et de ses grenadiers ; le colonel eut l'audace de les défendre.

—Vous êtes bien venus, citoyens, de vous plaindre d'eux s'écria-t-il ! Vous auriez dû partager en frères les bénéfices de l'expédition avec les soldats ; et vous avez pillé tandis qu'ils combattaient ! Nous sommes sans butin ; vous avez tout brûlé, tout saccagé ; si quelqu'un ici a le droit de récriminer, c'es moi, c'est la troupe, et ce n'est pas vous !...

Les gens de Ploërmel et de Josselin avaient leurs parts de prises, le colonel ne parlait point de rien faire restituer, ils approuvèrent le colonel. Les derniers Citoyens-Libres et les débris de la section des Vieux de la Cale murmurèrent ; un roulement de tambours, des cris de : *Vive la République! Vive la Nation!* et des hourras poussées par les corsaires étouffèrent les murmures.

Deux charrettes attelées avec les chevaux de gendarmerie étaient amenées par Mathieu Piment et ses marins, qui avaient hâte de déplacer le lieu de la scène.

Au sens de l'ancien maître d'équipage, il importait de se mettre en marche, de crainte que les patriotes, par quelque revirement d'opinion, n'en vinssent à redemander le massacre général. Du reste en prenant ici l'initiative, Mathieu Piment comptait rester auprès des prisonniers, afin de les défendre et dès que l'instant favorable serait venu, Piment se disait que les gens de Ploërmel et de Josselin finiraient par se retirer ; il calculait qu'alors les Bleus et les bonnets rouges de Vannes ne seraient plus très-nombreux. Il savait enfin que Morvan-Becquille parcourait les campagnes.

— Partons ! partons ! en route ! criait-il.

Etrangère à toutes les clameurs qui ébranlaient les échos de Rosven, la famille vaincue et proscrite venait d'achever le psaume funéraire entonné par le recteur.

Tandis que le manoir brûlait encore, le prêtre avait dit ce verset :

« Seigneur, répandez, selon votre bienveillance, les effets
» de votre bonté sur Sion, afin que les murs de Jérusalem
» soient rebâtis ! »

Et les fidèles, qui se préparaient au martyre, avaient repris :

« Alors vous aurez pour agréables les sacrifices de justice, les offrandes et les holocaustes : alors on vous offrira des victimes sur votre autel. »

Et, victimes résignées, les mains jointes, ils n'avaient plus de pensées pour les choses de la terre ; ils ne pensaient qu'à mourir.

Le prêtre entonna ensuite le *Salve Regina*, suivant l'usage des Bretons condamnés à mort par les révolutionnaires.

Ce fut en vain qu'Antonio d'un côté, que Piment de l'autre tâchèrent d'attirer sur eux l'attention d'Ermel, d'Alain, de Kerbozec ; les gentilshommes et les serviteurs se laissèrent désarmer sans même regarder ceux qui leur enlevaient leurs dernières armes ; — leurs yeux étaient fixés sur le crucifix du prêtre.

Mathieu Piment veillait pour eux. Il eut soin que chaque

corsaire se chargeât des meilleures armes rendues par les maîtres et les fermiers.

— On a son idée, dit-il tout bas à Arrache-Tout.

— Bon ! bon ! fit le colosse. On ouvre l'œil.

— Allons ! commanda le colonel qui arrivait sur les lieux accompagné par Famine ; les prisonniers dans la charrette !

— Soyez calme, mon général, dit Mathieu Piment, les Vieux de la Cale s'entendent à l'arrimage !

Mais le colonel La Patrie entendit à peine cette réponse, il resta frappé d'admiration en contemplant Mélite et Francésa l'une près de l'autre à côté du patriarche de Rosven.

— Qu'elles sont belles ! s'écria-t-il. Citoyen Famine, il faut les enlever... Mais elles sont radieuses... En vérité, je veux être mis à la lanterne si je suis capable de dire laquelle est la plus jolie !

— Ah çà ! colonel, à quoi pensez-vous donc ? s'écria Famine... sauver ! sauver des Chouannes, des aristocrates enragées ! Dans la charrette !

— Tais-toi ! ignoble sac à vin, elles sont charmantes.. la blonde avec son air doux, belle comme l'amour ; quels yeux ! quel céleste sourire !.... Et l'autre quel maintien fier ! un type d'une pureté antique....

— Ah çà ! tu te moques de nous, citoyen colonel ! interrompit le tanneur-corroyeur. Il s'agit bien ici de jolis minois... En route ! — Allons ! mes braves Vieux de la Cale poursuivit le gros sans-culotte en prenant pour des mariniers patriotes les corsaires du *Passe-Partout*, — allons ! fichez-moi toute la séquelle à croix ou pile dans les tombereaux, et ceux qui peuvent encore marcher, amarrez-les-derrière.

Amarrez était un mot de circonstance, une de ces expressions que les amis de la popularité ne manquent pas d'employer pour gagner les cœurs.

Le colonel, absorbé dans l'admiration des deux jeunes filles, avait pour ainsi dire abdiqué l'autorité suprême.

— J'en veux une, pensa-t-il.

Il finit par se décider en faveur de Francésa, mieux faite en réalité pour plaire à un homme de sa trempe.

Mélite devait surtout à sa jeunesse et à l'expression de sa physionomie, une beauté que Francésa possédait par la forme seule de ses traits. La fiancée d'Ermel l'emportait encore par la taille et la fermeté de sa pose, elle était la plus grande, la plus énergique, la plus vive en apparence.

Le commandant en chef, ayant fixé son choix, résolut de s'emparer de la jeune fille, Chouanne ou non, du droit du vainqueur, envers et contre tous. Les moyens d'exécution n'étaient pourtant pas faciles ; mais après quelques instants de réflexion, le colonel La Patrie aperçut le sergent Bayonne, et se frotta les mains en disant : — Voilà mon homme !

Cependant, avec plus de précautions que Famine n'en exigeait d'eux, les corsaires avaient déposé dans l'une des charrettes le patriarche de Rosven, assis dans son fauteuil, Hilaire et Kerbozec toujours étendus sur des matelas, et Louise grièvement blessée. Armand et le recteur de Saint-Ermel furent aussi placés dans le premier charriot. Quelques corsaires se postèrent à la tête des chevaux pour les mener par la bride.

Piment qui feignait d'obéir à Famine, n'en agissait qu'à sa guise. Il plaça dans la seconde charrette Ermel et Francésa, Mélite, Alain, Jeanne du Gavre, plusieurs femmes et filles de la ferme, Yvon Gavésio et quelques enfants des métayers.

Le vieux Pierre, Salaün, Malo et Bastin, et les autres

domestiques sans blessures graves furent attachés à l'arrière de la première charrette.

Matthieu Piment se penchant à l'oreille du fermier, lui dit alors :

— Nous sommes douze; le sergent veille, ils sont vingt-cinq ! Je veille, comptez sur moi, je compte sur vous !

Le capitaine corsaire venait de s'adresser au seul homme qui pût le comprendre. La résignation chrétienne de l'incorrigible Chouan fit place à une espérance de salut terrestre.

— C'est bon ! dit-il à voix basse d'un air de mauvaise humeur qui en eût imposé au plus expert des argousins.

Le cœur du vieux Pierre avait tressailli; et quoiqu'il fût assez près du recteur pour entendre encore la sainte parole, il n'écoutait plus; il avertit tour à tour chacun des gars attachés à côté ou derrière lui; il leur recommanda un air morne et abattu, mais leur inspira une dernière fois l'espoir de mourir en combattant pour les maîtres.

— Avec l'assentiment du citoyen Famine, et sous prétexte de conduire les charrettes, Piment et douze marins restèrent à côté des prisonniers.

Le colonel, d'autre part, résolut, par plusieurs motifs, de confier la garde immédiate du second tombereau, où était Francésa, au sergent Bayonne et à ses vingt-cinq grenadiers.

Il se proposait, une fois en route, d'avoir une conférence confidentielle avec l'agile Basque, qui, le matin même, venait de lui donner des preuves d'une souplesse, d'une vigueur et d'une adresse rares.

Les bleus s'ébranlèrent. Des bandes de sans-culottes allant en désordre, ouvraient la marche. Ensuite venaient les tambours et trompettes du bataillon et de la garde nationale; puis une centaine de gardes nationaux et de petits pelotons de ligne.

Les corsaires conduisaient les tombereaux de prisonniers escortés par plusieurs rangs de soldats formant la haie à droite et à gauche. Le sergent Bayonne et ses grenadiers s'avançaient derrière.

Le colonel, le citoyen Famine et plusieurs officiers municipaux ou patriotes influents de Poërmel et de Josselin, tous à cheval, composaient un groupe qui précédait d'autres pelotons de soldats.

Les fourgons venus de Vannes, pleins de munitions de guerre et de bouche, étaient maintenant remplis de Bleus, de sans-culottes et de gardes nationaux blessés, gardés par quelques voltigeurs de la Meuse.

Enfin sur les ailes et par derrière, le reste des sans-culottes, dont les cris de triomphe retentissaient dans les bois, allaient à la débandade.

Alors s'accomplit une parole de Jean-François Bozec de de La Faugerais, l'infortuné sire de Rosven.

Au moment où la première charrette passait sur la douve comblée avec des gabions, le vieillard octogénaire tourna la tête, pour voir une dernière fois les ruines fumantes de sa demeure, et aussitôt poussant un grand cri :

— Dieu soit loué !... dit-il.

Ses enfants et ses serviteurs tressaillirent.

Il était mort !

Il était mort : « Les Bleus n'emmenaient que son cadavre ! »

Le recteur de Rosven lui ferma les yeux et récita le *de Profundis* à haute voix.

Armand, son frère Kerbozec et Hilaire répétèrent à la fois :

— « Dieu soit loué !.... » pensant que le juste échappait ainsi aux horreurs du supplice.

Ermel, Mélite et Francésa, et tous ceux de la seconde charrette, et les Gavésio, qui marchaient à pied, bénirent aussi le nom du Seigneur.

Seul, le vieux Pierre,—homme dur parmi les gens d'Armorique, — seul, le vieux Pierre pleura,—seul il conservait de l'espérance.

Mais le convoi ne s'arrêta point; et les tambours battaient une marche lente et cadencée, tandis que la colonne incendiaire, traversant le bois de Rosven, se dirigeait vers la clairière du Tertre-Blanchâtre.

Midi sonnait alors à l'horloge de Saint-Ermel ; car le manoir, le presbytère et le village entier avaient été la proie des flammes, mais l'église était restée debout ; — elle avait seulement été pillée et dévastée par les terroristes de Vannes.

XVI.

LA CROIX DES BLEUS.

Le colonel La Patrie n'avait pas plus de vingt-sept ans, ce qui concorde parfaitement avec sa biographie due au caporal Géranium. Dans sa première jeunesse il s'était livré à tous les excès aristocratiques, et plus tard à toutes les fureurs révolutionnaires ; c'était moins par pitié que dans l'intérêt de sa popularité à Vannes qu'il avait fait épargner la famille La Faugerais et soufflé le fameux discours de Famine, où le nom de La Rouarie fut si adroitement évoqué. Mais une passion nouvelle venait d'étouffer ses autres passions. Déjà la soif du pillage l'avait gravement compromis; le projet insensé d'enlever Francésa devait achever de le mettre en hostilité avec les sans-culottes.

A mesure qu'on s'éloignait de Rosven, Francésa se rappelant le bonheur qu'elle avait rêvé durant tant d'années, regardait Ermel avec une expression de tendresse douloureuse qui trahissait les regrets de son cœur.

Le colonel s'informa bientôt du nom du jeune gentilhomme. Famine lui répondit par l'histoire des antécédents d'Ermel.

— Un ancien officier d'Artois ! un déserteur ! un émigré! un Chouan s'écria le commandant supérieur avec rage.

— Et le chef principal de l'insurrection ! ajouta Famine; celui qui commandait ici même ce matin.

— Ah !... malheur sur lui !... reprit sourdement le ci-devant chevalier du Genêt.

Et cependant Ermel, calme et résigné, s'efforçait de soutenir par des paroles pieuses, dignes d'un héros chrétien, les courages des jeunes filles et des serviteurs qui l'entouraient.

On traversa la clairière de Tertre-Blanchâtre; on remonta vers la lande Sans-Fin.

Dans les bois, on voyait quelquefois encore de malheureux paysans qui semblaient fuir au hasard. Les sans-culottes en poursuivirent plusieurs et ramenèrent de nouveaux prisonniers que le colonel La Patrie interrogea.

— La contrée, disaient-ils, étant désormais tranquille, nul ne serait plus assez fou pour résister à la République.

Ces réponses rassurantes achevèrent de décider les gens de Ploërmel et de Josselin à se séparer de la colonne de Vannes, pour retourner chez eux. Sur la lande Sans-Fin on se quitta.

Le colonel en fut bien aise, car il lui restait encore trois cents soldats; les patriotes de Vannes ne formaient plus qu'une minorité facile à mettre à la raison, et qui ne l'empêcherait pas de s'emparer de la prisonnière.

Après avoir éloigné Famine et tous autres témoins importuns, il appela le sergent Bayonne.

— Tu as déjà eu affaire aux sans-culottes ce matin, lui dit-il; au premier prétexte, je me tiens prêt à nous en débarrasser. Mais je compte sur toi pour enlever la brune en deuil que tu vois là... Tu me la garderas précieusement.. Je la veux, chez moi, ce soir à Vannes.

Le sergent prit un air approbateur.

— Si nous arrivions jusqu'à la ville, sans avoir fusillé tous ces gredins-là, tu ferais verser le tombereau... Tu imaginerais un moyen...

— Soyez tranquille, colonel, j'ai entendu !

— Si par hasard nous étions attaqués par de nouveaux Chouans (on doit tout prévoir), tu me réponds d'elle.

— Sur ma foi, répondit le sergent avec une exaltation véritable, malheur à celui qui oserait la toucher du bout de l'ongle !

— Très-bien, sergent !... c'est convenu.

— Convenu, mon colonel.

En voyant les patriotes de Josselin et de Ploërmel reprendre le chemin de leur pays, le capitaine Piment se frotta les mains.

— Bon ! bon ! ils ne sont plus guère que quatre cents ; nous sommes bien une quarantaine en comptant les Gavésio et les grenadiers. Un contre dix ; la partie s'égalise. Patience ! et défions-nous toujours de la marée qui porte au vent !.... Mais s'il faut aller jusqu'à Vannes, s'il faut les laisser mettre en prison, tout ne sera pas perdu ! j'en réponds ! J'ai bien déhalé le commandant Kerbozec du château de Brest, et je n'étais rien en ce temps-là... Maintenant j'ai mon équipage, j'ai Sarzeau en grand !... S'il n'est utile que de brûler la ville et les faubourgs pour les délivrer... nous brûlerons, nous aussi !... En attendant, veille ! veille ! Profitons de l'embellie, quand elle viendra... J'ai toujours idée que Morvan-Béquille n'est pas perdu.

Le digne marin avait raison. — Depuis la veille Morvan ne cessait de parcourir la contrée. A cheval et brandissant sa béquille convertie en drapeau, il ne s'arrêtait que sur les places des hameaux et les bourgades.

— *Plus de Roi !* Eh bien ! *plus de lois*, s'écriait-il. On veut vous faire marcher pour la république, levez-vous contre elle ; faites comme les gars de Saint-Ermel... En route ! en route !..... c'est demain le jour du tirage. Allez leur tirer des coups de fusil.

Le 14 mars était le jour fixé pour le recrutement ; il fallait enfin prendre un parti ; les esprits fermentaient depuis longtemps. Bientôt Saint-Gaël, les bourgs et les villages voisins, dans la direction de Sarzeau, dans celle de Saint-Nolff, dans celle d'Elven, se soulevèrent.

Morvan, sa béquille à la main, apparaît tour à tour dans vingt paroisses.

D'un autre côté Jean du Gavre, après avoir fait sauter la mine de la montée du Ménec, arrive à Saint-Gaël et raconte ce qui vient de se passer dans la lande Sans-Fin.

Une multitude de Chouans se jettent sur leurs armes et le suivent. Les munitions manquent. Jean du Gavre connaît la cachette de la clairière de Rosven. Pendant que les Bleus brûlaient et saccageaient, il y va, revient avec une charretée de poudre, la distribue aux gars du pays, et se dirige sur le manoir. Mais les fuyards apprennent que tout est perdu ; alors il s'embusque dans la forêt du Ménec.

Morvan-Béquille y arrivait de son côté avec six ou huit paroisses.

C'était une armée contre une poignée de soldats.

La colonne révolutionnaire s'avançait néanmoins sans obstacle et sans défiance, à travers la forêt pleine d'ennemis, silencieuse comme un tombeau.

Les sans-culottes, ivres de sang et de cidre, car ils n'avaient pas oublié cette intéressante boisson lors du pillage de Saint-Ermel, — hurlaient encore des chants de carnage.

La famille La Faugerais, exhortée par le pasteur, priait ;

elle répondait par des cantiques à leurs injures et à leurs blasphèmes.

Le vieux Gavésio, Matthieu Piment et le sergent Bayonne écoutaient; mais les clameurs rapprochées les empêchèrent d'entendre une première fusillade qui retentit dans le lointain, et dont furent victimes les sans-culottes de Josselin et de Ploërmel.

Tout à coup cependant, le bruit devient tel que le colonel et les soldats sont forcés d'y faire attention:

— Silence! donc, les patriotes!... Silence, tas de braillards, commande le chef militaire. Silence les aristocrates, silence dans les charrettes.

Les captifs ne prient plus que du fond de l'âme, les sansculottes se taisent, les échos des bois leur apportent le bruit bien distinct d'une série continue de détonations.

Le citoyen Famine devint blême.

Matthieu Piment faillit se trahir par le plus énergique des jurons capables d'exprimer la joie, heureusement Arrache-Tout lui mit la main sur la bouche.

— Les couteaux... parés! dit le capitaine.

— Connu! connu! répond Arrache-Tout.

On était alors au milieu du bois de Ménec à mi-distance entre la lande Sans-Fin et la lande du campement.

— Sergent Bayonne, dit le colonel, songe à mes ordres!

— Soyez tranquille! répond Antonio dont le cœur bat avec force.

— En route! au pas de course! crie le colonel.... Il faut nous sortir d'ici!

Matthieu Piment se demandait s'il fallait ou non arrêter les charrettes et commencer le combat. Il penchait pour attendre encore, dans l'espoir que les nouveaux Chouans se montreraient, lorsque les sans-culottes s'écrièrent :

— Citoyen Famine, les charrettes nous retardent, fais fusiller ce troupeau d'aristocrates, et marchons !

A ces mots, la terreur du gros patriote se change en férocité.

— A mort ! à mort ! les brigands ! dit-il.

Pour la première fois de la journée, il arme ses pistolets. Malgré sa fureur, il n'oublie pas les craintes que lui a si longtemps inspirées l'élargissement illégal de Francésa, c'est sur elle qu'il dirige d'abord ses armes.

— Misérable, s'écrie le colonel en lui retenant le bras, qui commande ici ?... Feu, grenadiers ! feu sur les indisciplinés !

Le commandement n'eut pas besoin d'être répété à la troupe d'Antonio. L'agile Basque feignant d'obéir à son chef, saute dans le tombereau, enlève Francésa et la descend à terre.

Au même instant, Matthieu Piment donne un coup de sifflet ; les corsaires coupent les traits des chevaux et les liens des fermiers, auxquels ils distribuent des armes.

— Trahison ! s'écrient les plus redoutables des sans-culottes, c'est-à-dire les derniers Vieux de la Cale, encore au nombre d'une trentaine.

Le gros Famine était tombé à terre en entendant le commandement feu !

L'effet de la peur fut de lui donner des convulsions épouvantables.

Cependant le colonel veut profiter du désordre pour prendre Francésa en croupe et s'enfuir à bride abattue ; les Chouans se montrent à la montée du Ménec, il va crier : — *Sauve qui peut !*

Antonio, Ermel, Alain l'arrêtent :

— Colonel ! rendez-vous ! disent-ils

— Moi ! jamais ! répond le colonel en déchargeant son pistolet sur le sergent.

Antonio évite le coup.

— A moi ! soldats ! s'écrie le colonel La Patrie.

Les soldats effrayés l'abandonnent, il reste au pouvoir du caporal Géranium qui le désarme en disant :

— Monsieur le chevalier du Genêt, à chacun son tour de commander... voici mon colonel à présent...

C'était Ermel qu'il montrait.

Tandis que les choses se passent ainsi derrière le second tombereau, une lutte autrement terrible s'engage devant celui où gisent, autour du cadavre de Jean-François Bozec, Hilaire, Louise et le vicomte Michel, tous trois gravement blessés, et Armand, abîmé dans sa douleur.

Là sont le vieux Gavésio et ses fils.

Les corsaires défendaient alors contre une masse de Bleus revenus à la charge, l'intervalle qui séparait les deux tombereaux.

Piment hachait à coups de hallebarde. Arrache-Tout s'en donnait enfin à son aise, et se ruant au milieu des soldats, il les écrasait littéralement avec sa massue de fer.

Tous les chemins sont remplis de Chouans. Jean du Gavre descend dans la lande Sans-Fin ; Morvan-Béquille apparaît peu après du côté de la lande du campement. Les lisières de la forêt se sont au même instant garnies de tirailleurs.

Les Bleus se repliant alors sur les charrettes, y rencontrent Arrache-Tout et Piment et les grenadiers, leurs anciens camarades, qui leur crient de se rendre. Les plus braves aiment mieux de se faire égorger.

Par la force des choses, les Gavésio se trouvaient à l'une des extrémités de la première charrette, lorsque les Vieux de la Cale et quelques Citoyens-Libres s'y élancèrent avec furie pour massacrer au moins les aristocrates avant de périr.

Un sourire triomphant passa sur les lèvres du vieux fermier.

— Pour Rosven ! pour Rosven ! criait-il en encourageant ses fils à combattre.

Salaün, frappé d'un coup de hache tombe à ses pieds.

— Pour Rosven ! crie le vieux Pierre.

Malo, percé de part en part, tombe à son tour.

— Pour Rosven! continue le vieillard.

— Yvon, gravement blessé, était sorti de la charrette.

— Allons, gagne ici ton pardon ! pour Rosven ! lui dit l'indomptable Gavésio.

Yvon, traversé par une pique révolutionnaire, mourut encore.

Et le vieillard appelait au combat son gendre, ses filles, ses brus, ses petits-enfants en répétant *pour Rosven !* lorsque, atteint lui-même d'une balle en pleine poitrine, il sent que les forces vont lui manquer.

Se jetant sur les brancards il se fait barricade, pour qu'on ne puisse arriver aux maîtres qu'en le foulant aux pieds.

Bastin cependant luttait toujours en criant aussi : — Pour Rosven !

Pierre Gavésio fier d'avoir un tel gendre, le voyait et l'entendait, quand Arrache-Tout, pareil à une trombe, arriva enfin.

Les patriotes reculent ou meurent ; l'un d'eux lâche en fuyant un coup de feu sur le terrible maître d'équipage qui roule à côté des corps de Salaün, d'Yvon et Malo.

Ce fut la dernière scène de cette sanglante mêlée. Les Chouans arrivaient ; les La Faugerais étaient libres.

Arrache-Tout n'était pas mortellement atteint, la balle lui

avait crevé l'œil gauche, avait glissé ensuite sur l'os frontal et était sortie sans avoir lésé aucune partie du cerveau. Après deux minutes de douleurs atroces, il se releva borgne, furieux, ne demandant qu'une victime. Ses cris faisaient trembler les Chouans eux-mêmes.

Il vit alors parmi les prisonniers le citoyen Famine et le colonel la Patrie.

— Ah! scélérats, s'écria-t-il en brandissant son formidable levier de fer, — vous allez me payer mon écubier de babord.

Antonio et ses grenadiers l'empêchèrent de se jeter sur leur ancien officier qui ne tressaillit même pas, car il était d'une bravoure à toute épreuve. Seulement il se tourna vers Ermel et dit ironiquement :

— *Monsieur le colonel!* vos prisonniers, ce me semble, ne sont pas mieux gardés que n'étaient les miens.

Ermel s'élança sur Arrache-Tout.

— Malheureux! que faites-vous?... Arrêtez!

Le marin avait pris Famine par sa ceinture tricolore, et, aux risées de la multitude, il le faisait tourner comme une fronde autour de sa tête.

— Faut-il *l'esclapoutir* comme un crapaud? Faut-il l'élinguer au bout d'une branche? demandait l'herculéen matelot.

— A une branche! et hissoué! répondaient les corsaires.

— Grâce! grâce! s'écria Francésa secondant Ermel dan son généreux dessein.

Mais Arrache-Tout répondit :

— J'ai perdu mon écubier de babord ; me voici borgne pour la vie!... Il sera pendu !

— Au bout d'une branche! criaient les corsaires en préparant déjà la corde qui servait tout à l'heure à garrotter les Chouans.

— Il sera pendu !... Je ne connais personne !

Le petit capitaine Piment accourut en prenant le colosse par la cravate (on se rappelle que ce n'était pas la première fois) :

— Tu ne connais personne !... Et moi?

— Vous, capitaine... pardon !... je vous connais ! répondit le maître apaisé subitement et qui posa le sans-culotte à terre : — mais, regardez, poursuivit-il d'un ton dolent, ils m'ont crevé une des bésicles...

— L'autre y verra mieux ! fit Piment.

— Vrai ! s'écria naïvement Arrache-Tout.

Les corsaires et les paysans ne renonçaient pas néanmoins au projet de rendre à Famine le mal qu'il leur avait fait.

— C'est lui, disait l'un, qui a été l'auteur de tout.

— C'est lui qui a deux fois levé les gens de Vannes contre Rosyen....

— C'est lui qui a fait guillotiner Mme de Kermarek !

— Il a renié Dieu ! il a fait tuer des prêtres !.. à l'arbre!

Matthieu Piment donna un coup de sifflet, car on ne s'entendait plus, les corsaires crièrent silence et le petit capitaine dit :

— Ecoutez !.. Qui a le plus souffert ?... c'est-il ou non ceux de Rosven !... Bon !... Et qui est-ce qui nous commande tous !... M. Ermel, pas vrai ?.. Laissez donc faire M. Ermel une bonne fois.. Si M. Ermel veut qu'on le pende, je promets de faire le nœud en fin matelot.

— Mes amis ! dit alors Ermel, il ne s'agit pas à présent du sort des prisonniers !... Gardons-les ! ramenons-les à Saint-Ermel, et plus tard on les traitera comme il convient de les traiter. Ramassons maintenant les morts et les blessés, descendons vers l'église pour remercier Dieu de notre délivrance.. et pour rendre les derniers devoirs à ceux qui ont péri.

En prononçant la fin de ce petit discours, la voix du jeune gentilhomme trembla, car dans la charrette se trouvait le cadavre du patriarche de Rosven, et tout autour gisaient les corps des serviteurs morts pour la défense de leurs maîtres.

Les gens de Saint-Ermel, les corsaires, les grenadiers exécutèrent les volontés du jeune gentilhomme; mais les Chouans des autres paroisses s'écrièrent tous d'une voix:

— A Vannes! A Vannes!... Plus de roi, plus de lois!.. A Vannes!

Puis comme un tourbillon, ils disparurent en prenant la route de la ville. Il ne resta plus sur le lieu du combat que les gars ralliés par Jean du Gavre, et Morvan-Béquille, avec les acteurs principaux de cette histoire.

L'influence d'Ermel sur ce petit nombre d'hommes était assez grande pour qu'il espérât se faire parfaitement obéir.

Le colonel, une vingtaine de soldats ou gardes-nationaux, et le citoyen Famine plus mort que vif, étaient confiés à la garde de Jean du Gavre.

Ermel, maîtrisant ses émotions, se consacra tout entier à de nobles et pénibles devoirs. Il voulut que, dans l'une des charrettes, on déposât tous les cadavres des serviteurs de Rosven, mais qu'une fosse fût creusée au bord du chemin pour y renfermer les restes des Bleus qui avaient péri pendant la mêlée.

Les blessés de la famille et ceux du village furent rassemblés dans l'autre tombereau. — Là, Kerbozec, Hilaire, Louise, le vieux Gavésio et Armand, qui n'avait plus la force de se soutenir, furent réunis aux Chouans et aux soldats d'Antonio hors d'état de marcher. On doit dire que, durant la première partie de la route, les femmes de la métairie avaient pansé les prisonniers du mieux qu'elles avaient pu, et qu'alors Mélite et le recteur s'étaient aussi laissé soigner.

Restait un fourgon plein de soldats et de sans-culottes blessés que le colonel La Patrie avait failli abandonner peu d'instants auparavant ; on y mit encore quelques blessés ennemis, et l'on fit des brancards pour ceux qui n'y purent trouver place ; les prisonniers Bleus, désarmés, devaient être chargés de les porter.

Lorsque ces préparatifs furent terminés, le prêtre récita les prières de la mort, et les Chouans s'inclinèrent tandis qu'on ensevelissait leurs ennemis.

Géranium était touché par cette cérémonie chrétienne mais le colonel resta insensible. Il s'attendait à de justes représailles ; il pensait qu'Ermel ne ferait pas refermer la fosse de si tôt.

Cependant, contre son attente, elle fut recouverte de terre.

Les Blancs y plantèrent une petite croix de bois, qu'une croix de pierre remplaça par la suite, et que les habitants du pays appellent encore la *Croix des Bleus*.

XVII.

LE COLONEL LA PATRIE.

Quelque brave que l'on soit, on n'envisage pas froidement l'approche d'une mort comme celle qu'attendait le colonel La Patrie.

— Ah ! pensa-t-il en voyant refermer la fosse des Bleus, il paraît que M. de La Faugerais nous garde pour la bonne bouche...... J'aurais autant aimé cependant en finir ici.

Un frisson parcourut les membres du ci-devant chevalier Du Genêt ; il fit son examen de conscience, tous les actes coupables de sa vie lui revinrent en mémoire ! — Dans son enfance, on lui avait appris que les âmes des justes s'élèvent vers les régions lumineuses d'une éternité de bonheur, tandis que celles des coupables descendent pour jamais dans les ténèbres du désespoir ; peut-être se rappela-t-il ses croyances d'autrefois ? — Mais au moins l'aspect de ces bois sombres et silencieux, de ces Chouans agenouillés les armes à la main, de ces hommes dépouillés de tout, atteints dans leur pays, dans leurs familles, dans leurs affections les plus chères, dans leur culte, dans leur foi, produisit un effet terrible sur l'officier supérieur, dont la colonne révolutionnaire avait ravagé, massacré, incendié sans pitié, sans égards pour l'âge, pour le sexe, ni pour l'infortune.

— Fusillé! continua-t-il, non! ils me réservent des tourments plus affreux.... Je n'aurais pas dû me rendre, il fallait périr en combattant.

Et le colonel gardé à vue par les gars de Saint-Ermel que commandait Jean du Gavre, voyait les traces manifestes d'une fureur sauvage sur les figures des jeunes gens, orphelins pour la plupart depuis quelques heures. En effet, les Chouans avaient soif de vengeance ; ils comptaient bien que, sur la parole d'Ermel, *les Bleus seraient traités comme il convenait de les traiter.*

— Nous irons à Rosven, se disaient-ils en breton les uns aux autres, nous ensevelirons nos morts, et puis on verra quel supplice méritent ces infâmes pillards, ces assassins, ces brigands!

En vain le prêtre avait prononcé des paroles de pardon; es durs enfants de l'Armorique méditaient un de ces épouvantables holocaustes que les druides pratiquaient avant le christianisme.

Quelques-uns se souvenaient qu'il y a dans le bois de Rosven un dolmen de pierre où la forme d'un homme est creusée avec des rigoles destinées à laisser couler le sang. Les traditions barbares et les instincts les plus farouches s'unissaient en eux avec une douleur qui tenait du désespoir.

— Plus d'asile, plus de famille, plus de patrie, plus de maîtres ; le bonhomme était mort, Armand était semblable à un cadavre, Kerbozec mutilé, Hilaire baigné dans son sang, Mme Hilaire elle-même était frappée. Un tombereau est plein des plus braves enfants de Saint-Ermel, et les bois de

Rosven jonchés de morts. M. Ermel reste seul, M. Ermel est un homme fort à la guerre !... il fera justice.

Ainsi pensaient encore les gars irrités, et leurs yeux menaçants s'arrêtaient tour à tour sur le colonel et sur les soldats prisonniers ; quant à Famine, il leur inspirait encore plus de dégoût que de haine.

Le gros patriote, accroupi sur lui-même, livide d'une terreur inexprimable, hébété, stupide, tremblait convulsivement en poussant des cris étouffés qui n'avaient plus rien d'humain. Les corsaires s'en seraient bien amusés, car la peur ne trouve pas de pitié dans le cœur des matelots; les corsaires auraient ri fort à leur aise et à ses dépens, si la gravité des tableaux qui les entouraient n'eût enchaîné leur insoucieuse gaîté, si le péril n'avait fait place à une sécurité lugubre, et enfin s'ils n'avaient pas eux-mêmes essuyé de douloureuses pertes. Sur dix-sept, en comptant Piment et Arrache-Tout, ils n'étaient plus que neuf, dont plusieurs horriblement blessés.

Antonio, connaissant mieux que les paysans le noble caractère d'Ermel, disait à Géranium et aux derniers grenadiers parmi lesquels figuraient encore, sains et saufs, les amis Bec-de-Perdrix et l'Enflammé :

— Caporal, nous pouvons être sans inquiétude ; il fera grâce à nos camarades.

— Je l'espère aussi, dit Géranium ; mais comment traitera-t-il notre brigand de colonel, qui a tiré sur vous tout à l'heure ?... Vous savez, sergent, que j'ai toujours eu en abomination cet aristocrate à rebours. Il est brave... il n'a pas peur !... il fait encore son fier là-bas !... mais ce n'est pas un fils de Mars !... non !... Vous savez son histoire, sergent, puisque vous étiez le fantôme de la chambrée.

— Je la sais, oui je la sais.... il vient de tirer sur moi ;

je le méprise, — et pourtant j'ai encore un certain attachement pour lui ; je ne puis oublier qu'il m'avait pris en amitié, qu'il m'a donné les galons, et qu'enfin, sans le vouloir, il m'a mis à même de faire ce que j'ai fait aujourd'hui.

— Bêtise ! sauf votre respert, sergent... Il était noble, il a trahi son roi et son drapeau... il a fait la cour aux sans-culottes... et vendu sa foi comme un Judas !... Tâchons de sauver nos pauvres camarades, supplions M. Ermel de les épargner, mais tant pis pour le chevalier Du Genêt ; j'ai encore moins pitié de lui que de ce sac à vin qui crèvera de peur si on ne se dépêche de le pendre ; — car, voyez-vous, Famine est né *sans-culottes*, — poursuivit sérieusement Géranium.

Bec-de-Perdrix ne put s'empêcher de rire du calembourg :

— Et toi aussi, dit-il.

Géranium, haussant les épaules, continua :

— Tout au contraire, le colonel est né gentilhomme, on l'a élevé dans de bons sentiments ; il y a au monde une espèce que je déteste encore plus qu'un lâche, c'est un traître !

— Traître ! murmura Antonio ! Prenons garde à ce mot-là. Nous l'appelons traître, lui... Comment nous appelle-t-il, nous ?

— Je me fiche bien du nom qu'il nous donne, reprit le caporal, j'ai agi *librement*, suivant ma conscience ; les *Droits de l'Homme et du Citoyen* que les patriotes nous ont forcés d'apprendre à la caserne, sont d'accord avec mon sentiment. L'insurrection pour une cause juste est légitime, c'est eux qui le disent... On doit se battre jusqu'à la mort pour la liberté, l'égalité, etc.... hein ?... Eh bien ! nous nous sommes battus pour la liberté, pour l'égalité, pour la justice... Voyez-vous, camarades, je pensais à tout ça cette nuit... Je suis ferré sur l'article.... Aussi, que notre ancien lieutenant d'Artois me commande de fusiller le colonel, je fais feu comme sur un chien, sans ce qui s'appelle un *escrupule* de balancement de conscience.

— D'autant plus, dit le prudent l'Enflammé, que les morts ne parlent pas... et qu'il nous connaît. Je pense, à cet égard, comme Sans-Quartier, de la première du second.

— Mais tout de même, à propos du second bataillon, dit Bec-de-Perdrix, nous voici dans une passe bien embêtante. Nous voici Chouans! bon.... Nous revoici soldats du Roi, comme dans l'ancien temps! bon!... Notre ancien lieutenant d'Artois nous commande! bon!..... Mettons à cette heure que le second bataillon arrive au pas accéléré au débouché du bois, tirerons-nous dessus des camarades, ou bien abandonnerons-nous M. de La Faugerais et ses Bretons?... De toute manière alors nous serions des traîtres... Sergent Bayonne, caporal Géranium, pensez à ça. Mon avis, c'est qu'il faut trouver moyen de rallier l'armée du Rhin, et de retourner se battre contre les *késerlikes* et les *z'avale-chucrute*.

— Tu m'as deviné, Bec-de-Perdrix ! s'écria Géranium en serrant la main du grenadier.

— Fusillons le colonel, ça me va! sauvons les autres prisonniers et nos camarades, j'y compte!... et retournons aux frontières... On se rengage comme volontaires. C'est commode . J'y perdrai mes galons de caporal et voilà tout.

— Mais le moyen? demandèrent les grenadiers tout d'une voix....

Géranium se frisa la moustache en signe de méditation; puis, d'un coup de main éloquent il rassura son tricorne sur sa tête. L'attention redoubla autour de lui.

— C'est simple comme pain! s'écria-t-il... Ça t'étonne

l'Enflammé?... Mais je gage cinq sous contre un liard que tu seras de mon sentiment tout à l'heure.

— Je veux bien. Voyons! dit l'Enflammé.

— Aimes-tu l'Anglais?

— Non.

— Eh bien!.. Tu ne vois pas la ficelle?.. Regarde donc le capitaine Piment.

Le peloton de grenadiers applaudit d'admiration et de joie, malgré l'imposante cérémonie qui continuait encore.

— Capitaine Piment, s'écria Géranium, un mot, s'il vous plaît.

Le brave corsaire s'avança.

— Nous voici six braves, sans compter nos blessés, qui ne savons plus que devenir.... Si nous retournons aux Bleus, c'est encore pire, car on nous fusille net comme torchet... N'y aurait-il pas mèche d'aller un peu faire la course avec vous contre l'Anglais?... On verrait ensuite..

Matthieu Piment tendit la main au caporal, le marché fut conclu sur-le-champ.

— C'est bien! Dès que M. Ermel nous aura congédiés, vous êtes à moi, vous remplacerez mes pauvres vieux qui sont là.. dit tristement le corsaire en montrant le tombereau des cadavres.

Antonio se réserva de prendre une décision ultérieure.

Géranium en revint bientôt au chapitre du colonel, dont le sort l'occupait infiniment; il apprit alors comment l'officier supérieur avait jeté ses vues sur Francésa.

J'étais chargé de l'enlever, dit Antonio.

— Triple gueux... Et nous ne le fusillerions pas!.... reprit le caporal.

— Je supplierai M. de La Faugerais de lui faire grâce; vous savez pourquoi?

— Et moi, s'écria le caporal, j'accuserai publiquement le colonel. Il ne faut pas qu'il vive. Ne serait-ce que pour notre sûreté, pas vrai l'Enflammé? Les montagnes ne se rencontrent pas ; mais un jour, nous serions capables d'être reconnus par le colonel, qui saura bien se retourner, j'en réponds, s'il en revient cette fois !

L'Enflammé, Bec-de-Perdrix et les autres grenadiers se rangèrent complètement de cet avis ; le colonel fut condamné ainsi à l'unanimité par ses anciens subalternes comme il l'était par les paysans. Les corsaires étaient du reste tout disposés à dire : *Amen.*

Antonio seul s'intéressait encore à lui ; l'ancien contrebandier s'était humanisé en faisant la guerre. Dans la compagnie d'Amblemont, au contact des gentilshommes, il avait acquis des sentiments chevaleresques qu'un Biscaïen était fait pour comprendre, et qui s'allièrent singulièrement en lui avec sa profonde astuce.

Cependant Morvan-Béquille, ayant accosté Ermel, prit des renseignements sur l'état actuel de Rosven, et sans attendre la fin de la cérémonie funèbre, il repartit au galop pour le village de Saint-Gaël.

Mélite, toujours angélique et dévouée, était à côté de la charrette, et prodiguait aux blessés les soins les plus affectueux ; elle était secondée par Toinette Bastin et les autres filles Gavésio, et par les veuves de Salaün, de Malo et du brave Yvon. De cette race fidèle, il ne survivait que le bonhomme de la ferme, cruellement blessé, son gendre Bastin, des femmes, des enfants et Alain qui, n'ayant pas quitté Ermel durant la dernière échauffourée, n'était que légèrement atteint.

Alain et Jeanne du Gavre sa fiancée gardaient maintenant les enfants du manoir ; ils se tenaient à côté de la charrette, et Jean VII pleurait sur ses parents, qui s'efforçaient de le consoler.

— Non! non! disait Louise, nous ne voulons plus mourir; ne pleurez pas, ne pleurez pas à cause de nous.

Mais Hilaire n'avait point la force de répéter ces paroles, car le bonhomme n'était plus, car son père Armand restait anéanti.

Le vicomte de Kerbozec lui même s'était voilé la figure, il n'allait plus mourir en chrétien, ni combattre en soldat... On le traînait au convoi de son père et de ses dignes serviteurs. — L'espérance du martyre le soutenait naguère; à présent l'échafaud s'éloignait, des douleurs plus poignantes perçaient son âme.

Le prêtre était revenu auprès des blessés; Ermel, son épée nue à la main, se présenta fièrement devant les Chouans et les prisonniers : Francésa était près de lui; Francésa ne le quittait plus depuis qu'il était descendu du fatal tombereau.

Entre les passions diverses qui agitaient son cœur, la jeune fiancée avait fini par obéir à la plus violente; elle tenait le brave gentilhomme par la main, et s'attachait à lui comme le lierre au chêne de la forêt.

— Ecoutez! écoutez tous! s'écria Ermel, écoutez-moi jusqu'à la fin, ne m'interrompez pas, je vous en conjure.

— Ecoutez-le, dit Francésa au milieu du plus profond silence; — car, Chouans, soldats, marins et prisonniers tous s'étaient tus.

Dans la charrette des blessés, on fit silence; seulement le prêtre élevant son crucifix s'écria :

— Au nom du Père, du fils et du Saint-Esprit. écoutez-le.

Armand fit un mouvement et regarda son fils Ermel, qui dit en Français pour être compris par tout le monde :

— Les Chouans sont des chrétiens ; les Chouans se sont levés pour la vraie religion ; ils ont rendu les devoirs funèbres à leurs ennemis ; et tout à l'heure ils enterreront dans le cimetière consacré les dépouilles de leurs frères, de leurs parents, de leurs défenseurs ! — ils enterreront en pleurant le corps de mon noble aïeul, qui fut leur maître et leur père à tous.

Le vieux Gavésio entendit sans doute ces mots, car il tressaillit, mais Ermel levant les yeux vers le ciel, reprit après un court silence :

— Les Chouans, dis-je, sont des gens de bien, et ces braves, mes anciens soldats, et ces valeureux marins qui ont servi sous mon oncle Kerbozec, sont aussi des gens de bien et des hommes craignant Dieu.

— C'est vrai, foi de grenadier ! interrompit Géranium, le lieutenant parle bien.

— C'est ça, murmura le capitaine corsaire presque au même instant, mais sur quoi gouverne-t-il ? Voyons son idée.

—Je vous en supplie donc, tous tant que vous êtes, écoutez-moi jusqu'au bout, poursuivit Ermel. Il ajouta quelques mots en langue bretonne pour le petit nombre de paysans qui avaient peine à bien comprendre le français.

— Je lis dans vos cœurs des pensées de vengeance, écoutez-moi ! Je lis dans vos cœurs des pensées que de vrais chrétiens ne doivent pas avoir !....

Malgré les précautions oratoires d'Ermel, quelques murmures se firent entendre.

— Au nom du bonhomme, que vous écouteriez s'il vivait encore, s'écria le jeune gentilhomme avec feu, écoutez-moi.

Le vieux Pierre, qui semblait près de rendre le dernier soupir, fit un mouvement et un effort pour dire.

— Le bonhomme parle... écoutons!

Une sorte de crainte superstitieuse parcourut les rangs des Chouans; ils firent un silence si profond, qu'on entendait tomber goutte à goutte le sang qui coulait des deux charrettes.

— Au nom du Seigneur du ciel et de la terre! continua Ermel, éloignez de vous ces idées de haine; les Chouans sont de vrais chrétiens, ils pardonnent à leurs ennemis.

— Bien! dit Antonio.

— Hum! fit Arrache-Tout en fixant avec son œil unique le gros Famine que le discours d'Ermel ranimait un peu.

— Doucement! murmura Géranium.

Mais les Chouans ne dirent rien, et leurs yeux suivirent la direction que leur indiquait le bras du gentilhomme; il leur montrait le recteur tenant le crucifix dans la main.

— Quoi! poursuivit Ermel, votre Dieu est mort sur la croix, pardonnant à ses bourreaux, et vous ne pardonneriez pas à vos ennemis vaincus.

Les traits et l'attitude du pasteur étaient plus éloquents encore que les paroles du chevalier; les instincts celtiques firent place à des sentiments chrétiens.

Du reste, les lieux où l'on se trouvait, ce chemin teint de sang, cette vaste tombe à peine fermée, cette croix indiquant la sépulture des Bleus, cette forêt, théâtre de la lutte la plus dramatique,—la réunion d'hommes qui composaient l'assemblée, les circonstances qui les rapprochaient, — la position même des charriots de morts et de mourants,—concouraient pour faire d'un semblable appel à la clémence des vainqueurs un spectacle qui devait vivement frapper des natures rebelles au raisonnement sec et aride, mais sensibles à tout ce qui est véritablement grand, véritablement pompeux. C'était une scène capable de toucher et de désarmer les farouches mais poétiques enfants de l'Armorique, gens qu'on ne détachera jamais du catholicisme, car le catholicisme est la seule religion qui leur convienne. Le druidisme parlait à leurs instincts ; le catholicisme parle à leurs âmes et à leurs cœurs. Le catholicisme ne discute pas, il n'admet point l'esprit de doute, il dicte la foi, il ordonne la charité, et enfin il est la religion dont le culte majestueux s'adresse avec le plus d'éclat aux organisations enthousiastes.

Les paysans, se laissant guider par Ermel et leur recteur, adhérèrent visiblement aux desseins du gentilhomme, qui avait de mouveau montré le patriarche mort, encore assis dans son fauteuil au dessus d'un tas de cadavres. Il invoqua sa mémoire, il s'adressa à lui, il émut les corsaires eux-mêmes.

Mais l'Enflammé poussant le coude à Géranium : — Pas de bêtises, mon vieux malgré ça ; notre colonel est compromettant.. rappelle-toi ton serment de tout à l'heure.

— Pchtt! fit Géranium qui écoutait Ermel avec une émotion croissante : — Le colonel est sauvé ! pensait-il. Le lieutenant m'a coupé ma colère comme avec un rasoir... Les camarades sont délivrés.. nous irons faire la guerre aux Anglais.. tout est pour le mieux !... Que le ci-devant chevalier Du Genêt aille se faire pendre ailleurs.!

Pourtant l'Enflammé se jura que le colonel La Patrie ne retournerait point à Vannes.

De son côté Arrache-Tout avait supputé que la vie de Famine devait lui payer son œil : il serrait convulsivement son levier de fer.

— Si on ne le pend pas, se disait-il, je l'assomme !

Arrache-Tout oubliait qu'autrefois il était lui-même sans-culotte,

Ermel n'avait plus qu'à s'occuper des moyens d'exécution; et s'adressant au colonel :

— Vous voyez, monsieur, que vous et vos soldats avez la vie sauve ; veuillez me donner votre parole d'honneur que vous ferez dans votre parti ce que je fais aujourd'hui dans le nôtre... Je ne vous demande que la promesse d'être plus humain à l'avenir.

Le colonel, en se voyant revenir à la vie, reprit peu à peu toute sa passion pour la fiancée ; il la contemplait avec une admiration jalouse, car Francésa était sublime. Pendant tout le discours d'Ermel, elle avait dit aux Chouans par ses gestes, par son attitude, ce que le jeune gentilhomme leur disait par ses paroles.

— Monsieur de La Faugerais, s'écria l'officier supérieur, vous me rendez la vie et la liberté... Vous me proposez une escorte pour me ramener aux portes de Vannes... Je vous remercie de cœur pour mes pauvres soldats... Moi j'ai autre chose à vous demander.

— Parlez, monsieur, dit Ermel.

— Je voudrais que notre entretien ne fût pas public.

— Attention, Bayonne ! attention, Géranium ! dit l'Enflammé ! attention Bec-de-Perdrix ! c'est trahison... Prenons garde !

— Veille au grain ! dit Matthieu Piment à Arrache-Tout.

Cette parole sauva peut-être la vie au citoyen Famine. Arrache-Tout se mit en arrêt sur le colonel.

Ermel, plein de cette confiance qui caractérise les âmes généreuses, se retira à l'écart, et emmenant avec lui le colonel La Patrie :

— Parlez, monsieur, lui dit-il de nouveau.

Francésa, Jeanne du Gavre et Alain avaient cependant suivi, et ils écoutaient :

— Retirez-vous, je vous prie, pour un instant, leur dit Ermel.

— Non! non! s'écria Géranium. Alain Gavésio, ne quitte pas ton maître... il veut l'assassiner !

A ces paroles, qui excitent une rumeur générale, Alain et Francésa se placent entre l'officier des Bleus et le jeune gentilhomme.

Le colonel La Patrie haussa les épaules.

— Ah ! monsieur, quelle sottise ! dit-il en souriant Je vous parlerai donc en présence de ces trois personnes; mes intentions, après tout, sont pures et généreuses.

Antonio fit quelques pas en avant, prit la pose d'un contrebandier qui écoute, et entendit à peu près la phrase suivante :

— Il y aurait eu faiblesse et lâcheté de ma part, en face de la mort, à vouloir me sauver par la proposition que je vais vous faire à présent. Vous me rendez la liberté... Je l'accepte, monsieur, mais à condition de combattre sous vos ordres.. J'ai la révolution en horreur.. Je suis né gentilhomme... Je sers à regret les meurtriers du Roi... Si vous refusez mes services, faites-moi mourir.

La péroraison du colonel, débitée avec emphase, n'avait rien de bien magnanime de la part d'un homme qui venait d'apprécier la générosité d'Ermel. Les Chouans étaient les plus forts, le pays entier prenait les armes contre les villes dépourvues de garnisons suffisantes; le colonel devait craindre qu'on l'accusât, à Vannes, d'avoir fait tirer sur les sans-culottes. Ainsi, passer aux Chouans, même en faisant abstraction de sa violente passion pour Francésa, était un coup de maître.

— C'est noble et généreux, monsieur le colonel, dit la jeune fille pendant qu'Ermel réfléchissait encore.

— C'est une infâme trahison! s'écria hautement Antonio
Il veut passer aux Chouans.. Je sais pourquoi.

— Trahison ! répètent à la fois tous les grenadiers, ca
aucun d'eux n'ignorait la consigne donnée au sergent rela
livement à Francésa.

Le colonel devient livide ; Ermel toujours généreux l
dit :

— Ne craignez rien, monsieur, je crois à vos paroles.

Mais les cris redoublent, les accusations confuses des gre
nadiers, inintelligibles pour le jeune gentilhomme, son
claires pour le colonel, qui se voit perdu sans ressources
songe à ses premières craintes, s'imagine qu'un affreux sup
plice lui sera réservé, et se rappelle qu'il a regretté d
n'être pas mort en combattant.

Alors n'écoutant que sa rage, il fond à l'improviste s
Ermel, lui arrache son épée de la main et va le frapper
Peu lui importe d'être massacré ; c'est la mort, c'est l
la vengeance qu'il cherche ; sa fureur jalouse devait choisi
le fiancé pour première victime.

Heureusement Alain détourne le coup et dégage son maî
tre, que Francésa entraîne hors de la mêlée.

Antonio a pris le colonel à bras le corps. Géranium e
les grenadiers le désarment en criant :—A mort l'assassin
qu'il soit fusillé!

Arrache-Tout, sans rien dire, levait sa terrible massu
sur le crâne de l'officier supérieur ; deux personnes l'empê
chèrent de frapper. L'une, c'était maître Piment, disait e
retenant son bras :

— Tiens bon ! c'est trop doux pour lui !

L'autre, — c'était Francésa échevelée, qui s'était élancé
en criant :

— Grâce ! grâce ! assez de meurtres, au nom du Ciel !

XVIII.

LE GÉNIE DE L'ARMORIQUE.

Ce fut le caporal Géranium qui arracha l'épée d'Ermel au colonel La Patrie ; et la rendant à son légitime possesseur :

— Mon lieutenant, dit-il, assez de bonté comme ça ; plus de grâce. Il voulait passer aux Chouans à seule fin de vous enlever votre future. Voici déjà qui est suffisant ; mais par dessus le marché, nous autres, Géranium, l'Enflammé Bec-de-Perdrix, nous ne restons pas ici, nous finirons par rentrer dans l'armée, et vous jugez que si jamais le colonel nous y retrouvait, nous serions fricassés. Ainsi, par amitié pour nous, faites-le pendre, puisqu'il n'est plus digne d'être fusillé.

L'Enflammé, qui s'était approché du caporal, en dit autant ; Alain fut de même avis. Antonio, interrogé, donna des détails qui prouvaient clairement la perfidie du colonel. Arrache-Tout après avoir maritimement garrotté l'officier supérieur, dit à son tour :

— Mon officier, si c'était un effet de votre complaisance

de me laisser faire la chose *amicablement*, j'ai là deux cordes, une pour le colonel, l'autre pour le citoyen Famine, on les hissera tribord et babord d'un arbre pour l'exemple. Le reste des Bleus, nous les ramènerons à Vannes en retournant à bord, et tout le monde sera content.

Les Chouans, charmés de la proposition, l'appuyèrent par des cris. Le crime du colonel était avéré ; de tous côtés partent d'accablantes accusations contre Famine.

On demande qu'il soit puni comme assassin de Mme de Kermarek et de tant d'autres.

— Ce n'est pas un soldat ! dit-on, c'est un bourreau, c'est l'auteur de tous les malheurs du pays.

On rappelle ses motions incendiaires, ses exactions, ses froides cruautés. Quelqu'un nomma Francésa, et dit qu'il avait juré la perte de la jeune fille. On donna pour preuve le coup de pistolet qu'il avait voulu tirer sur elle. On dévoila publiquement les secrètes menées du patriote qui forcé de répondre à la multitude, confessa lâchement ses méfaits et ses perfidies.

Il s'était cru sauvé ; il s'était bercé d'un espoir de délivrance, et un peuple entier le menaçait de la pendaison. Après avoir avoué ses crimes tout en demandant miséricorde, les forces lui manquèrent de nouveau. Il retomba comme une masse inerte au même endroit où déjà plusieurs fois il avait failli mourir de frayeur.

Ermel, les bras croisés sur la poitrine, les yeux baissés, le front chargé de colère, ne répondit rien au maître d'équipage ; — lui qui tout à l'heure suppliait la foule de faire grâce, se sentait porté à céder à ses vœux ; — Francésa, muette et consternée en songeant au piége que le colonel voulait lui tendre, restait glacée à côté d'Ermel :

— Qui ne dit rien consent ! s'était écrié le capitaine corsaire; allons! allons, matelots, manions-nous! s'agit de gréement, c'est notre métier.

Arrache-Tout, perché sur un arbre, était déjà en besogne; il attachait la corde, improvisait une manière de la faire glisser entre deux branchages comme dans le clan d'une poulie, faisait des nœuds coulants d'un côté, et de l'autre préparait un bout à jeter à la foule; il était dans son élément.

— Ah! mon muscadin de colonel! tu vas voir là haut des étoiles en plein midi, reprenait Matthieu Piment; tu iras dire au diable de mes bonnes nouvelles..... Attends un peu que je te régale!..... Et toi, sac à vin, les corbeaux, s'ils te mangent, risquent fort d'être en ribotte comme des Irlandais pour la quinzaine....

Le curé de Saint-Ermel, descendant précipitamment de la charrette, s'avança vers les fiancés.

— Quoi! monsieur de La Faugerais, s'écria-t-il, vous souffrez ces barbaries..... Quoi! mademoiselle vous le laissez ainsi céder à la colère... Pardonnez! pardonnez! au nom du ciel.

Francésa tressaillit : — Ah! mon Dieu! dit-elle, est-il temps encore?... Ermel, je vous en conjure, pardonnez!... sauvez-les..... par amour pour moi.

— Par amour de Dieu! interrompit sévèrement le pasteur.

— Ah ça, me voici paré, criait Arrache-Tout en ricanant; le colonel à tribord, c'est le poste d'honneur; et l'autre à babord; range à hisser au coup de sifflet.

Piment regardait, et approuvait du geste. Mais Ermel, atterré restait silencieux; et cependant les Chouans se débandaient; les cordes étaient tendues.

Le prêtre n'hésita point; prenant le jeune gentilhomme

par une main et Francésa par l'autre, il fend la foule, arrive au lieu du supplice et s'écrie :

— Arrêtez ! j'ai mes devoirs de confesseur à remplir... Monsieur Ermel, je vous somme d'empêcher cette exécution avant que je les aie exhortés à la mort.

Ermel revient à lui, il ordonne que les deux victimes soient laissées avec le recteur. — Les Bretons obéissent. L'Enflammé jure en disant que ce retard va tout perdre ; Antonio le ramène sur la route ainsi que Géranium. Piment toujours exemplaire comme subordonné, seconde Ermel et le pasteur : il ordonne à Arrache-Tout de le rejoindre.

Mais l'ange de la famille, la douce Mélite, avait tout vu, elle priait pour les coupables ; elle voudrait encore les sauver ; elle essaie de plaider en leur faveur, sa faible voix ne peut se faire entendre ; enfin, après avoir parlé à Michel de Kerbozec et à l'infortuné Armand, elle appelle par ses signes l'attention de Matthieu Piment qui s'approche.

— Monsieur le capitaine, lui dit-elle alors, tâchez donc d'obtenir le silence, mon père et mon oncle le réclament.

— Mon commandant, dit Piment en voyant le vicomte de Kerbozec se mettre sur son séant, eh bien, comment vous sentez-vous?

— Ne parlons pas de moi, dit Kerbozec, donne un coup de sifflet et qu'on écoute mon frère.

Un long coup de sifflet attira tous les regards vers Matthieu Piment ; puis il s'écria d'une voix rauque, dans le style des proclamations de bord :

— Par ordre du commandant Kerbozec, tout un chacun qui est ici présent sont prévenus de se taire, jusqu'à temps que M. Armand.... — *le bonhomme* à cette heure...— ait dit ce qu'il a-t-à-dire !

Mélite avait fait en sorte que les vieillards ne restassent

point étrangers à la scène de l'arbre ; Armand et Michel avaient tous deux partagé les pensées miséricordieuses de la jeune fille; ce ne fut pas sans une excessive difficulté que le premier put dire enfin :

— Mon noble père n'est plus!.... Je le remplace donc aujourd'hui..... et votre dévouement me donne le droit de vous commander....

— C'est vrai! oui! oui! murmurèrent confusément tous les Bretons.

— Eh bien, grâce pour ces deux coupables ! Je l'ordonne ainsi.

Puis Armand retomba dans la douleur.

Mais Ermel, Alain, Piment, Antonio, Jean du Gavre, c'est-à-dire tous les hommes qui exerçaient une influence réelle sur la multitude ou sur l'une de ses fractions, les uns par un motif, les autres par un autre, en savaient assez et ils s'écrièrent aussi :

— Grâce ! il le veut !

Le colonel et le sans-culotte furent sauvés.

Arrache-Tout jura comme un damné, l'Enflammé, Géranium, Bec-de-Perdrix en firent autant; ils obéirent, en dépit de leur méchante humeur.

Une nouvelle scène ne tarda pas d'avoir lieu.

Les corsaires et les grenadiers, faisant désormais cause commune, se présentèrent devant Ermel ; Géranium, l'Enflammé, Bec-de-Perdrix, en protestant de leur dévouement, Piment et Arrache-Tout en promettant de revenir quelque jour.

Ces deux derniers allèrent trouver ensuite le commandant Kerbozec :

— Commandant, dit Arrache-Tout, j'aurai toujours sur

le cœur d'avoir osé..... dans les temps..... mais vous m'avez pardonné, maintenant.. Piment se serait fait hacher en miettes pour vous... Eh bien, moi! c'est de même.

Piment répéta de semblables protestations en des termes analogues.

Le vicomte les remercia, non comme autrefois avec le sourire aux lèvres, mais avec les larmes aux yeux :

— Adieu, Piment, adieu, dit-il en serrant la main du corsaire, va, et sois heureux ! mais veille de loin sur les enfants de Rosven... La mer est un asile pour les proscrits.

— Soyez calme, commandant ; si je pars, mon vieux cœur vous reste... j'ai mon idée !

— S'il a une idée, dit gravement Arrache-Tout, c'est fameux !

Quelle était la fameuse idée du capitaine Matthieu Piment, l'homme du *Diadème ?* il ne la fit pas connaître cette fois, et baisant la main de son commandant :

— Avaries majeures aux genoux, dit-il encore, et quelques trous dans la coque... mais j'ai confiance, nous nous reverrons... Laissez-moi seulement regagner le large !... je vous retrouverai guéri. A la garde de Dieu !

Un instant après, Ermel fit promettre à Piment de ramener les prisonniers assez près de Vannes pour qu'ils pussent y rentrer sans danger. Il lui recommanda particulièrement le colonel et le citoyen Famine.

— Bien ! bien ! dit l'ancien maître de la *Constitution* et du *Lys*, s'il n'avait tenu qu'à moi, ils seraient au sec ; mais à cette heure, je fais votre volonté, non pas la mienne.

Jean du Gavre intervint.

— Je demande, dit-il, la permission d'accompagner maître Piment jusqu'à Sarzeau.

Ermel ne put la lui refuser, quoiqu'il ne comprît pas le motif de sa demande.

La troupe de Matthieu Piment se mit bientôt en route; les prisonniers portaient sur des brancards leurs camarades blessés ; le colonel et Famine, attachés ensemble, étaient contraints de marcher en avant. Les corsaires et les grenadiers gardaient et conduisaient le convoi.

Toutefois, avant qu'on se séparât, Antonio promit au capitaine d'aller le rejoindre à bord du *Passe-Partout* avec ceux des matelots et des grenadiers qui survivraient à leurs blessures ;—ce fut chose convenue. Ensuite les deux charrettes et le fourgon se dirigèrent vers Rosven.

Il n'y avait pas un quart d'heure que l'on s'était dit adieu, lorsqu'une file de charriots et une multitude de paysannes apparurent dans le bois de Saint-Gaël sous la conduite de Morvan-Béquille.

Le mendiant, sachant qu'on manquerait de tout à Saint-Ermel, revenait de quêter des vivres et des secours pour les maîtres, pour les blessés, pour les habitants du bourg détruit.

Il avait rencontré Matthieu Piment, et grâce à lui l'escorte des prisonniers et les prisonniers eux-mêmes avaient pu satisfaire leur faim dévorante. Maintenant, ce pauvre, qui avait toujours vécu d'aumônes, faisait l'aumône à un village entier.

On s'arrêta devant l'église de Saint-Ermel, lorsque le soleil s'abaissait déjà derrière les arbres de Rosven.

Là fut célébrée la dernière cérémonie de cette journée si féconde en épisodes dramatiques ; le corps de Jean-François Bozec de La Faugerais, sire de Rosven, fut inhumé à côté de celui de sa compagne, non loin du tombeau de Kerfuntun.

Et les fils de Gavésio, et tous les Chouans tués dans le combat, furent enterrés aussi.

Il ne faut pas tenter de décrire la douleur des assistants. Une population décimée se lamentait autour de la fosse commune.

Le pasteur eut des paroles de consolation pour les chrétiens vaincus par le malheur. Il s'inspira de l'inépuisable charité que donne la religion, pour calmer leurs angoisses les plus poignantes. Longtemps sa voix fut entendue dans le cimetière, et ses larmes paternelles coulèrent avec les larmes de ses enfants selon l'esprit. Longtemps les sanglots de la multitude répondirent à ses exhortations.

Enfin, lorsque la nuit fut venue, les fidèles se dispersèrent. Les femmes de Saint-Gaël recueillirent dans leurs charrettes les malades et les blessés, elles offrirent l'hospitalité aux gars qui avaient survécu à la sanglante journée de Rosven.

Par les soins de Morvan-Béquille, une voiture qui appartenait au maître d'un manoir peu éloigné, attendait la famille La Faugerais. Les blessés y furent déposés ; les personnes en état d'être transportées dans des charrettes y montèrent. Enfin, à nuit close, cette caravane affligée prit la route de la gentilhommière de Kerbozec, sous la direction d'Ermel de la Faugerais et d'Alain Gavésio.

Le manoir de Rosven et les chaumières de Saint-Ermel fumaient encore. Le pasteur avait suivi les gens de Saint-Gaël.

Il ne resta plus dans le cimetière que le vieux Morvan-Béquille, qui s'agenouilla, pria longtemps et ne se releva point sans avoir imploré Dieu pour les âmes des braves Chouans et pour celle du marquis de La Rouarie.

Quand il se fut redressé, le mendiant, seul au milieu de ces tombes à peine fermées, s'écria en langue bretonne :

— Seigneur marquis, ceux-ci sont morts pour la bonne cause, ils sont morts pour le Roi et pour la vraie religion.. Leur sang a coulé sur les fossés et sur la lande ; et ce sang, comme la rosée fait pousser les fleurs, ce sang fera pousser des soldats sur toute notre terre d'Armorique !.... Seigneur marquis, vous êtes une âme, une âme dans le ciel, mais vous vivez dans les âmes de tous ceux du pays..... Ils se sont levés mille, et dix mille, ils se lèveront cent mille !... Le soleil de la guerre a lui ; les heures de la guerre ont sonné, voici que les vrais Bretons ont pris leurs *penn-ba'ch* et leurs fusils....... Pourquoi n'êtes-vous plus avec eux pour les commander ?... Seigneur marquis ! seigneur marquis !

Le vieux mendiant continua de la sorte pendant longtemps encore, sa longue chevelure blanche flottait sur ses haillons au gré d'une froide bise ; il jetait au vent des imprécations contre la république, les régicides et leurs soutiens ; il invoquait l'âme du chef de l'association Bretonne, et ses traits avaient pris une expression grandiose.

Qui eût pu le voir, qui eût pu l'entendre discourant ainsi au milieu des croix tumulaires, aurait dû dire :

— Une nuit, au champ de la mort, j'ai rencontré le génie de la chouannerie bretonne, appelant aux armes d'une voix prophétique les gars des landes et des fossés. Je l'ai vu, pareil à un spectre vengeur, évoquant les martyrs de la fidélité pour qu'ils conduisissent leurs fils au combat.

Lorsque minuit tinta au clocher de Saint-Ermel, Morvañ ramassa et jeta sur son épaule sa besace de mendiant ; ensuite, d'un pas rapide, il s'enfonça dans les bois déserts.

XIX.

VENTE A L'AMIABLE.

Les Chouans de Saint-Gaël et des paroisses avoisinantes se dirigeaient en désordre vers la ville de Vannes aux cris de : « Plus de Roi ! plus de lois! »

De tous les côtés, par la route d'Auray, par celle qui longe les côtes de la petite mer, des bandes sans chefs et sans ordre, mais nombreuses et formidables, se précipitent sur la ville. Elles y pénètrent par plusieurs points à la fois, ne veulent pas entendre les parlementaires de la municipalité, repoussent la garnison, s'emparent de l'église de Saint-Patern et s'écrient : —« Vous nous avez enlevé nos prêtres; » vous avez tué notre Roi ; nous voulons compter avec la » Nation et savoir de quelle autorité elle nous enrôle sous » son drapeau[1]. »

La garnison fit feu sur les Chouans ; ils finirent par se retirer, non en vaincus, mais en hommes qui venaient de donner un premier avertissement. Il était aisé de voir à leur

---

(1) CRETINEAU-JOLY. — *Histoire de la Vendée Militaire.*

exaspération qu'ils ne tarderaient pas à revenir, après s'être concertés avec des chefs.

Le même jour, 14 mars 1793, on apprit à Vannes que les districts du Faouet, de Pontivy, d'Auray et d'Hennebon avaient pris les armes. Tout le pays, depuis Lorient jusqu'aux portes de Vannes, était en insurrection. Peu après, la haute et la basse Bretagne se levaient en masse. Les environs de Brest et ceux de Rennes étaient peuplés de rebelles à la République.

Le 15, on se bat à la Roche-Bernard ; le 16, à Ploërmel; le 17, dans l'Ille-et-Vilaine, en divers lieux à la fois ; le 19, Lambésellec, Plabénec, Lesneven dans le Finistère, sont les théâtres de scènes sanglantes. Saint-Pol-de-Léon a son émeute. Un combat est livré par les paroisses d'alentour au pont de Kerguidu, fameux depuis dans la contrée ; Roscoff est pris et repris par les Blancs et par les Bleus. Vannes surtout est menacé à diverses reprises.

Déjà la Vendée était en feu, le Maine, l'Anjou et même la basse Normandie s'agitaient.

La république trembla, l'ouest de la France se montrait menaçant ; ou voulut à tout prix obtenir le repos de la Bretagne, et La Rouarie n'étant plus, on l'obtint.

La chouannerie naissante se laissa museler; elle ne rompit ses entraves que plus tard.

Auprès de Vannes, à l'endroit où bifurquent les chemins de Sarzeau et de Malestroit, l'escorte du colonel et des Bleus prisonniers rencontra la masse des Chouans qui abandonnaient la ville.

— Enfants ! dit maître Piment, nous pouvons à cette heure larguer ceux-ci, notre chemin est par là.

Il montrait la route de Sarzeau.

— Doucement, citoyen Famine, dit alors Jean du Gavre, je ne suis ici qu'à cause de vous. Vous allez venir à Sarzeau dans notre compagnie.

Famine avait eu l'espoir d'être délivré avec les autres prisonniers, il se crut de nouveau perdu.

—Ne tremblez donc pas tant, s'écria le capitaine corsaire, vous serez chez vous demain, si vous êtes sage.

Le colonel La Patrie, pâle de honte et de colère, se mit à courir vers la ville, tandis que les Bleus relachés prenaient congé de leurs ci-devant collègues Géranium, Bec-de-Perdrix et autres. Après un instant de repos, toujours chargés de leurs blessés, ils se rendirent à la caserne.

Le colonel, arrivé chez lui le premier, fit ses paquets, et partit pour Lorient sans en demander permission à l'autorité militaire; les communications n'étaient pas encore interceptées; de Lorient il gagna Brest, changea de nom pour la seconde fois, parvint à retourner à Paris, et s'arrangea si bien qu'on crut partout que les Chouans l'avaient tué.

De Vannes à Sarzeau, le citoyen Famine servit de plastron à son escorte; mais une fois dans la petite ville, Jean du Gavre, qui *avait de l'argent placé chez des notaires*, lui tint à peu près ce discours. :

— Citoyen mon ami, on vous a fait grâce là bas pour vos gros péchés.... Malheureusement il vous en reste un petit sur la conscience; pour celui-là, vous allez régler avec moi.

Famine, transi d'effroi, était entouré par les marins et les grenadiers qui riaient; le métayer continua :

— Qui a acheté nationalement l'hôtel La Faugerais à Vannes?... Toi, n'est-ce pas? Eh bien, tu vas me le vendre ou tu es pendu à la minute et sans rémission. Il n'y a ni curé, ni M. Ermel.

— Oh! dit le citoyen, soyez tranquille, je vous vendrai

cette baraque sans difficultés, pourvu que vous me lâchiez après comme vous avez lâché le colonel et ses soldats.

— Doucement! reprit Jean du Gavre, ne va pas d'abord te figurer que je te donnerai un liard pour ta maison, tu vas me signer pardevant notaire que tu me l'as vendue il y a six semaines.

— Mais pourtant, monsieur, dit le patriote, je ne puis vous céder pour rien quelque chose qui m'a coûté de l'argent....

— Et cette corde! dit Jean du Gavre, en montrant le terrible Arrache-Tout. — J'oubliais; tu as aussi d'autres biens nationaux, je les veux tous au même prix.

— C'est ma ruine ou ma mort que vous voulez, s'écria lamentablement le sans-culotte.

— Juste, mon camarade, et nous sommes bons enfants, nous autres, puisque tu voulais, toi, notre mort et notre ruine en même temps. Ainsi, c'est bien convenu; pour une somme que je t'ai remise chez toi depuis une quinzaine, mettons, vingt mille écus, tu me vends tout ce que tu as de bien national.

— On me vole!.. on m'assassine!.. s'écria piteusement le gros sans-culotte.

— Cette corde! reprit Jean du Gavre.

— Fameux! s'écria maître Arrache-Tout, vous êtes des malins, vous autres.

Matthieu Piment et le métayer s'entendaient comme larrons en foire.

— Un mot encore, pour ta règle, reprit Jean du Gavre: nous sommes ici une vingtaine, pas vrai!..... Si tu as le malheur de réclamer contre le marché de ce soir, tu peux être sûr que nous te ferons passer un drôle de moment; et ce n'est pas par la corde que tu mourrais, dam!.... on te couperait en petits morceaux à commencer par les pieds. Pas vrai? capitaine Piment.

— Très-vrai ! et ce serait à mon bord encore.

— De plus, continua Jean du Gavre, tu vas être doux comme un agneau dans tes clubs, ou bien toujours nous t'empoignons de manière ou d'autre ; ça c'est aisé...

— Si c'est aisé! dit Arrache-Tout ricanant.

Famine frémissait.

— Et alors on s'amusera tout doucement à te griller par petites portions; un jour un pied, un jour une main, et en attendant, pour se divertir, on fera de toi une pelotte à épingles ; tu es assez gras pour que ce soit drôle...

— Crânement inventé, s'écria le cyclopéen Arrache-Tout ; commençons donc un petit peu !

— Mais non! ciel! non! je donne ! je promets! je jure!.. s'écria Famine.

— Reprends ton calme, et viens à présent chez le notaire avec le capitaine Piment et Merkéliou, qui est aussi de Sarzeau ; ils seront témoins que tu es payé.

On entra chez le notaire, l'acte de vente fut dressé; après quoi les corsaires et les grenadiers se rendirent à bord du *Passe-Partout* ; Famine se réfugia dans un cabaret, et le lendemain regagna Vannes par un bateau de passage. Jean du Gavre, nanti de l'acte notarié, voyagea toute la nuit, et arriva de bon matin à la gentilhommière, où la famille La Faugerais n'était que depuis trois ou quatre heures, tant le chemin qui mène de Saint-Ermel à Kerbozec est raboteux et difficile.

Le *Passe-Partout*, emportant ses quinze nouvelles recrues de Sarzeau et les grenadiers, prit le large dès que le capitaine Piment fut à bord.

Le surlendemain par le travers d'Ouessant, l'heureux

brig capturait un trois-mâts anglais, traînard d'un fort convoi de marchandises de l'Inde. Le trois-mâts était une des plus riches prises qu'on pût faire ; or, le système continental n'étant pas encore inventé, le tout fut vendu à Brest et transformé en espèces, sur lequelles Géranium eut pour sa part, mille écus de bénéfice net ; chaque grenadier en eut autant.

— Eh bien ! l'Enflammé, dit l'ex-caporal, quand je te disais qu'une bonne action a toujours sa récompense, et que c'est écrit dans la vie de Turenne! vois-tu.

— Je vois, répondit l'Enflammé, qu'il y a plus de profit à faire la guerre sur mer que sur la terre ; mais je ne suis pas matelot, et c'est pourquoi j'aime mieux *pousser les cailloux*, comme ils disent, que de n'être qu'un conscrit à bord.

Bec-de-Perdrix, les autres grenadiers, et Géranium lui-même, confessèrent que tel était leur sentiment; Piment les entendit :

— Patience, mes petits troupiers, laissez-moi mettre du foin dans vos bottes, en une course ; attendez que votre sergent et les blessés nous aient rejoints à Roscoff, et puis je débarque proche Dunkerque, d'où vous irez vous bûcher contre les *késerlikes* tant qu'il vous plaira.

— Vive le capitaine Piment! répondirent les grenadiers avec reconnaissance.

XX.

LE GENTILHOMMIÈRE DE KERBOZEC.

La gentilhommière de Kerbozec, fondée par le premier Bozec, Jean-Hilaire, vers 1320, était aussi inférieure au manoir de Rosven, brûlé par les sans-culottes, que ledit manoir l'était, en 1540, au château de La Faugerais, incendié par les Français, ainsi qu'on l'a vu au premier chapitre de cette histoire. Or, on sait combien le manoir était délabré, puisqu'il avait fallu recouvrir l'aile gauche en chaume dès 1790, et cependant les maîtres habitaient Rosven. Kerbozec, au contraire, n'avait pas été habité depuis près de cent ans ; qu'on juge de son état de dégradation.

La bastide du citadin marseillais serait un palais à côté de la demeure de l'ancêtre des Bozec ; elle n'était recommandable qu'aux yeux d'un antiquaire. En effet, à défaut d'une chambre habitable, on y trouvait deux ou trois portes sculptées avec art, des fenêtres sans carreaux, mais ornées d'emblêmes archéologiques, et, enfin, une petite tourelle élancée qui figurerait admirablement dans un paysage breton.

Malgré cela, les gentilshommes de Rosven auraient dû s'estimer heureux d'avoir encore un pareil asile, si les pertes qu'ils venaient d'éprouver leur avaient permis de songer à autre chose qu'à leur douleur.

Ermel, seul en état de s'occuper des besoins de la famille, parvint néanmoins à installer une sorte d'infirmerie dans la chambre la moins misérable. Antonio et Alain le secondaient. Une petite ferme qu'occupait un parent des Gavésio fut mise à la disposition des corsaires et des soldats blessés. On s'entassa dans les étables, dans la grange, dans les greniers. Et puis des jours de deuil s'écoulèrent sans qu'on sût rien de ce qui se passait dans le pays.

Mais quand les compagnons de Piment et de Géranium furent à peu près guéris, Antonio, suivant sa promesse, se mit à leur tête; il dit adieu aux maîtres, à Ermel surtout; puis, guidé par Jean du Gavre, il sortit du labyrinthe inextricable au fond duquel est bâtie la gentilhommière de Kerbozec. A Saint-Gaël, on sut les nouvelles : les Chouans étaient maîtres de la campagne; Jean du Gavre s'enquit de Morvan-Béquille, parvint à le trouver et lui confia la petite troupe, qui traversa toute la Bretagne sous la conduite du mendiant, et arriva dans le petit port de Roscoff pendant une relâche du *Passe-Partout*.

Le capitaine Piment accueillit avec joie ces nouveaux compagnons, qui, pour la régularité du rôle d'équipage, y figurèrent sous le nom des matelots morts en combattant soit à terre, soit au large.

A Kerbozec cependant les blessures se fermaient : le vieux Gavésio lui-même revint à la vie, la balle qui l'avait atteint à la poitrine n'avait lésé aucun des organes essentiels; il vécut pour continuer à servir ses maîtres;— jamais nul ne l'entendit se plaindre de la perte de ses trois fils morts pour Rosven.

Michel de Kerbozec, suivant le favorable augure de Matthieu Piment, se guérit aussi, mais demeura estropié.

Armand, qu'on n'appelait plus que le bonhomme, se remit peu à peu de la secousse terrible du 14 mars, sans retrouver la sérénité ; son humeur s'était altérée, sa sombre tristesse influait sur les esprits de ses enfants; Mélite seule parvenait à le distraire. Elle lui consacrait à présent cette sollicitude attentive qu'elle partageait naguère entre les deux vieillards dont on pleurait la perte.

Hilaire et sa femme échappèrent miraculeusement, pour ainsi dire, aux plus dangereuses blessures, ils eurent la consolation de se rétablir presqu'en même temps ; chaque jour ils retrouvaient à la fois de nouvelles forces ; le cours d'études de Jean VII et de ses frères put être repris. Mais que de cruels souvenirs, que d'images affreuses venaient éveiller les moindres paroles ! — On n'osait prononcer le nom de Rosven.

Les jeunes enfants durent éviter de jamais parler de ces lieux où ils avaient appris à balbutier les mots les plus doux, à réciter les prières naïves du premier âge.

Entre tous les regrets qu'éprouvait Francésa, il en était un, un surtout qui l'affligeait cruellement. Dans le cimetière de Saint-Ermel s'élevait une croix où la jeune fille avait accoutumé d'aller prier chaque jour, et chaque jour, à l'heure où elle descendait autrefois du manoir vers la tombe de Kerfuntun, elle ressentait amèrement la tristesse de l'exilé; car deux lieues, infranchissables, la séparaient du champ des morts.

De longtemps encore les jours heureux de Rosven ne pouvaient renaître, quoique l'affection profonde que se vouaient les uns aux autres les membres de cette famille patriarcale fût un adoucissement à leurs maux.

La pauvreté des maîtres affectait principalement le vieux Gavésio. Si l'on n'entendit jamais le bonhomme de la ferme se lamenter sur les malheurs de sa propre famille, on l'entendit maintes fois déplorer les privations qu'enduraient les Bozec de la Faugerais.

— Ils n'ont plus une demeure digne d'eux, ils n'ont plus sur leur table que la nourriture grossière des paysans, disait-il, et encore ils partagent avec nous le peu qui leur reste. Ah! Gavésio! quels péchés as-tu donc faits pour que le bon Dieu t'ait condamné à voir tes maîtres manquant de tout?

Ainsi parlait le vieux fermier, en recommandant à son fils Alain, à ses filles et à Bastin son gendre, de servir à jamais fidèlement les gentilshommes du logis.

Cependant Jean du Gavre ne cessait de battre la campagne; c'était lui qui apportait les nouvelles du dehors. On sut bientôt à Kerbozec que les paysans rentraient chez eux, que la paix se rétablissait, et que la révolution paraissait se modérer.

On était cependant en avril 1793; mais le général Canclaux avait conseillé de pacifier la Bretagne par la douceur, pour se donner le temps d'écraser la Vendée par les armes.

— « Il faut isoler ces deux provinces, écrivait-il aux
» représentants du peuple; si vous leur laissez le temps de
» combiner leurs tentatives, si un homme tel que La Rouarie
» apparaît, il y a danger pour la République. »

La dépêche de Canclaux s'accordait parfaitement avec les idées des patriotes éclairés. Les meneurs républicains fermèrent les yeux; les réquisitions cessèrent, on fit dire en sous-main aux ecclésiastique insermentés qu'ils pouvaient rentrer dans leurs paroisses. Les jeunes gars ne trouvant plus d'ennemis à combattre et n'étant plus appelés pour le service de la République, déposèrent les armes.

Ermel et Hilaire, alors à peu près rétablis, conférèrent longuement à ce sujet avec leur oncle Kerbozec ; ils sentirent qu'il y avait là quelque trame politique. Il fut décidé dans leur conciliabule que les successeurs de Kerfuntun et de La Rouarie manqueraient à tous leurs devoirs s'ils se laissaient aveugler par cette tolérance de mauvais augure. Du reste, quoi que l'on fît en Bretagne pour empêcher que le bruit des affaires d'outre-Loire y arrivât, plusieurs importantes nouvelles parvinrent jusque dans la retraite des La Faugerais. Il fut convenu qu'Hilaire resterait au pays pour attendre les événements, mais qu'Ermel partirait de nouveau, qu'il parcourrait la Bretagne, qu'il irait à Nantes et en Vendée s'il était nécessaire, enfin qu'il verrait par lui-même ce qui restait à faire pour la cause monarchique. Alain fut prévenu ; puis un soir devant la famille assemblée dans l'étroite salle à manger de la gentilhommière, Ermel déclara hautement son projet.

Francésa pâlit ; Armand bénit son fils en disant :

— Que la volonté de Dieu soit faite !

Et Mélite pleura.

Mais lorsque l'instant de la séparation fut venu, Francésa de Kerfuntun ne put se contenir davantage, elle prit la main de son fiancé, elle la porta sur ses lèvres, elle l'inonda de ses larmes.

— Encore ! murmura-t-elle, mon Dieu !... mon cœur se brise, je n'ai plus de forces. Ermel !... Ermel !...

Le jeune gentilhomme la serra contre son cœur en disant :

— Adieu ! j'obéis à votre père, Francésa... Adieu, ma fiancée, mon épouse devant Dieu ! si nous ne devons pas être unis sur cette terre, nous le serons dans le ciel !

Ces paroles, hélas ! ne calmaient pas la douleur suprême

de la jeune fille, Ermel aussi sentait son cœur faiblir et il pleurait.

Cependant au lever du soleil, le jeune gentilhomme et son fidèle serviteur, qui laissait encore Jeanne du Gavre, sa promise, bien loin derrière lui, se trouvaient au delà de Vannes sur la route qui conduit à la Roche-Bernard.

FIN DU MANOIR DE ROSVEN.

CONCLUSION.

I.

RETOUR EN JUPONS.

Le 26 décembre 1793, une heure avant le lever du soleil, trois jeunes hommes revêtus des plus étranges costumes s'arrêtèrent sur une hauteur inculte, à mi-chemin entre Rosven et Kerbozec.

L'un d'eux avait pour coiffure une toque de page ; le reste de son habillement se composait d'un pourpoint de velours tailladé, mais en haillons, d'un jupon de femme qu'il portait à l'écossaise et d'une paire de bottes déchirées : un sabre de cavalerie, un mousqueton et une giberne complétaient son bizarre accoutrement. Il avait d'ailleurs le bras gauche en écharpe.

Le second disparaissait presque entièrement sous une

robe de magistrat, drapée en manteau; une perruque à marteaux transformée en casquette couvrait sa tête; une paire de pistolets et une latte de dragon pendaient à sa ceinture. Celui-ci n'était pas blessé.

Quand au troisième, encore plus mal équipé que ses compagnons, un large bandeau cachait la moitié de son visage et se croisait sur son front avec une ancienne cicatrice. Malgré la rigueur de la saison, il était nu-pieds, nu-tête, en manches de chemise; il ne conservait de son habillement primitif que le *bragou-braz*, large culotte à plis flottants que les Bas-Bretons ont de commun avec les Orientaux.

Ces trois hommes venaient de l'armée royale et catholique dont les débris avaient été taillés en pièces, le 23, à Savenay, dernier champ de bataille de la grande armée vendéenne. Leurs étranges costumes, objets de pitié profonde, provenaient des vestiaires des tribunaux et des théâtres ou des friperies du Mans, de Mayenne et de Laval, où les Blancs, dépouillés de tout, s'étaient vus forcés de se couvrir des plus ridicules déguisements. Mais en ces temps d'horreur profonde, le ridicule était effacé par l'odieux d'une part, de l'autre par le sublime. Les massacres et les traits du plus magnanime dévouement faisaient oublier des disparates que la misère et le dénûment rendirent inévitables.

— Enfin, dit le premier, nous voici dans le bocage de Kerbozec, pays inextricable, comme tu peux voir!.. Plaise à Dieu que j'y retrouve ma famille telle que je l'y ai laissée avant d'aller rejoindre l'armée royale!

Celui auquel Ermel de La Faugerais s'adressait ainsi ne put que confondre ses vœux avec les siens; mais ensuite, examinant à la clarté de la lune les lieux qui l'entouraient, il s'écria:

Ah ! pourquoi nos chefs ne se sont-ils pas jetés dans cette partie de la Bretagne! jamais on n'eût pu les réduire. Nous nous emparions des côtes, et de là nous pouvions nous procurer aussi bien qu'à Granville des munitions et des armes.

— Les Bretons ont eu beau le dire et le répéter, on n'a pas voulu les comprendre. As-tu vu comme, à Savenay, les gens du pays se sont levés pour combattre avec des vaincus !..

— C'était admirable de leur part !

—Eh bien! reprit Ermel, si les Vendéens étaient franchement entrés en Bretagne, non en fugitifs mais en combattants, c'e nest pas quelques bandes comme celles des Cadoudal et des Boisguy qui seraient venues à eux, c'est le pays en masse qui aurait pris les armes. Nous enlevions Nantes.

— Quel beau rêve !... interrompit l'interlocuteur d'Ermel

— Il est de fait que pour la guerre de partisans, la Vendée elle-même n'est pas comparable à ce pays-ci; plus j'avance, plus je suis émerveillé de la disposition du pays.

— Ce bocage, par exemple, ajouta Ermel, serait inexpugnable. Les champs sont petits, les fossés rapprochés, boisés, hérissés d'épines; sur notre droite, voici un terrain où une armée ennemie serait engloutie dans les fondrières; à notre gauche il y a des gorges rocailleuses qu'une poignée d'hommes déterminés garderaient comme plusieurs régiments. Plus loin tu verras des cours d'eau à fond de vase où les passages à gué sont extrêmement rares et qu'on pourrait aisément rendre inabordables. Mais à présent, je connais bien ma route, envoyons donc Alain à la maison pour qu'il y annonce notre retour.

Alain s'était respectueusement tenu jusqu'alors à deux

pas en arrière ; il prit les ordres d'Ermel, partit comme un trait et arriva bientôt à la gentilhommière, où tout le monde dormait encore.

Quant aux deux amis, ils poursuivirent leur route à pas lents, pour donner à leur serviteur le temps de préparer les esprits.

Depuis qu'il était parti, Ermel n'avait pu faire parvenir de ses nouvelles à Kerbozec, il craignait avec raison que son père ou sa fiancée fussent trop brusquement surpris, s'il se montrait inopinément à leurs yeux ; du reste, il était justement inquiet. Alain frappa d'abord à la ferme; le vieux Gavésio ne dormait que d'un sommeil léger : l'âge, les inquiétudes et surtout les bruits sinistres que Jean du Gavre avait fait connaître la veille troublaient son repos. Il s'arma de son *penn-bac'h*, demanda qui venait à pareille heure, reconnut la voix d'Alain, ouvrit, mais sans lui tendre les bras.

— Et M. Ermel? dit-il.

— M. Ermel me suit, il m'envoie prévenir les maîtres.

Le vieux fermier serra son fils contre son cœur ; puis d'une voix émue :

— Alain! mon bon Alain!... tu es un Gavésio, oui un vrai Gavésio, comme Salaün, comme Malo, et comme ce pauvre Yvon, que j'eus peut-être tort de tant gronder le jour de Rosven.

Le vieux fermier laissa échapper un soupir. Etait-ce à la mémoire de ses fils? Au dire d'Alain lui-même, c'était plutôt à celle du bonhomme Jean-François et du manoir détruit.

— Mais les maîtres? demanda le fidèle Alain à son tour.

— Ils vont aussi bien qu'ils peuvent aller.

— Le bonhomme M. Armand?

— Triste! triste! triste!... Il ne se consolera jamais.

— M. Michel, votre bon frère de lait?

— Calme, solide... il retrouve son franc rire une fois le temps.

— Bon ! Et M. Hilaire?

— Tout à fait bien. A cette heure, il nous prépare à la guerre, il a bien arrangé le logis, il se procure des armes... Quand j'ai vu ça, j'ai été bien content... Ils ont de l'argent voilà ce que je sais ; d'où leur vient-il? ça ne me regarde pas. Et ils recommencent à faire du bien comme autrefois. Beaucoup de gens de Saint-Ermel sont maintenant établis de ces côtés. Ça va ! ça va !

— Et Mme Louise, et ses enfants, et Mlle Mélite ?

— Mme Louise, une femme qui s'entend à tout; ses enfants, gentils, mignons.... de petits anges.... des La Faugerais finis !... Mlle Mélite, murmura le vieux fermier, avec une sorte d'attendrissement, on dirait la *sainte bonne femme* revenue sur la terre.

— Et Mlle Francésa ?

— Oh! triste, bien triste, celle-là, plus triste même que le bonhomme.... les yeux rouges et ternes... quelque chose comme malade... Elle a manqué mourir cet été, un mois après le départ du chevalier... et sans Mlle Mélite, qui était pour elle pareille à une mère... je crois bien qu'il y aurait au paradis un ange de plus.

— Jeanne l'a-t-elle bien soignée au moins? demanda simplement l'ex-voltigeur qui jusque là n'avait parlé d'aucun des siens.

— Oui, oui, répondit le père Gavésio, j'ai été content ; elle passait toutes les nuits, dam! de manière qu'elle en est encore un brin *maigrotte* ; mais les filles, ça se refait toujours assez vite avec de la bouillie *d'aveine*. Depuis sa maladie, Mlle Francésa l'aime bien, et souventes fois elles causent ensemble comme des sœurs. Moi je me dis : — C'est bon! puisque ça distrait un peu Mademoiselle.

— Allons ensemble au logis s'il vous plaît, mon père.

Tous les gens de la chaumière s'étaient levés : Bastin, sa femme Toinette, l'oncle Gavésio, métayer en titre de Kerbozec, les autres sœurs d'Alain et les enfants entouraient le Vendéen revenant de la guerre ; mais il y eut dans ce premier moment du retour plusieurs circonstances bien dignes de remarque.

Nul n'interrogea le fidèle serviteur, si ce n'est son père ; personne n'interrompit, et enfin les embrassements des membres de cette famille dévouée ne retardèrent pas d'une seconde la visite d'Alain au logis. Car dès que le bonhomme Gavésio fut prêt, on sortit en foule.

Le crépuscule commençait à blanchir l'horizon ; déjà les domestiques se levaient dans la gentilhommière, lorsque Pierre appela Marianne d'une voix sonore.

Marianne mit la tête à l'une des étroites fenêtres divisées en quatre compartiments par des croix de pierres, et ornementées de sculptures frustes.

— M. Ermel est au pays, Alain vient l'annoncer au bonhomme... Ouvrez vite !

La vieille servante accourut ; et bientôt les maîtres furent éveillés ; l'heureuse nouvelle circula de bouche en bouche.

Mélite embrassa Francésa en lui disant :

— Tu vois bien, ma bonne sœur, que tes craintes étaient trompeuses. Tu avais, disais-tu, de noirs pressentiments, et le voici qui revient encore une fois !... Remercions-en le Ciel, qui l'a préservé de tant de périls!...

Le bonhomme Armand pleurait de joie. Hilaire et ses enfants suivirent Alain, qui retournait au devant d'Ermel inquiet et agité par mille craintes vagues bientôt dissipées.

Le vicomte Michel de Kerbozec, appuyé sur ses béquilles et soutenu par Pierre Gavésio, descendit dans la cour avec son frère; il vit venir les trois arrivants. Il fut le premier à remarquer l'originalité de leurs costumes. Et tandis qu'Armand embrassait cordialement son fils, tandis que la famille s'abandonnait à la joie la plus tendre, l'ancien capitaine de vaisseau riait dans sa barbe.

Ermel vint l'embrasser à son tour, il lui témoigna aussi toute sa joie de le revoir, mais ensuite se tournant vers Francésa :

— Eh bien! la belle fiancée, dit-il, que pensez-vous d'un mari qui revient en jupons?.... c'est d'un bon augure pour votre future autorité dans le ménage... Allons, Ermel, donne le bras à ta femme et rentrons, car la matinée est fraîche, surtout pour les sans-culottes comme toi.

Francésa, les yeux encore baignés de douces larmes, rougit, baissa le front, mais ne put s'empêcher de sourire. Les enfants riaient de bon cœur aux saillies du vieux marin, dont la gaîté rendit moins grave une scène que de sombres souvenirs auraient pu attrister.

Armand dit cependant : — Trêve de plaisanteries, mon frère, rentrons, écoutons-le.

Mais Ermel prenant l'étranger par la main, s'avança au milieu du cercle de famille en disant :

— Mon père, je vous amène un hôte dont le nom vous est connu depuis longtemps, un ami, un compagnon d'armes et d'infortunes, un frère, M. le chevalier de Montreuil.

A ce nom, un cri d'étonnement partit de toutes les bouches, une bienveillance plus marquée se dessina sur toutes les physionomies.

— Soyez le bien-venu sous le toit des la Faugerais! dit Armand, nous chérissions déjà votre mémoire, vous vous trouvez au milieu d'amis qui avaient déploré votre perte et qui regrettaient de ne vous avoir pas même connu. Entrez, je désespérais de revoir mon fils, et voici que le Ciel m'en a rendu deux.

Montreuil, drapé de sa robe d'avocat et tenant à la main sa perruque à marteaux, parvint néanmoins à répondre sans gaucherie à ces paroles affectueuses ; le vicomte de Kerbozec, remis en train de plaisanter, l'interpella gaiement :

— Monsieur le procureur, nous connaissons tous ici votre talent sur le cor d'harmonie, et j'espère que nous vous entendrons nous jouer en duo avec Ermel quelques airs basques ou allemands en souvenir de Saint-Vincent et de Bischoven.

On rentra ; Ermel et Francésa avaient tant de choses à se dire qu'ils restèrent silencieux en présence l'un de l'autre. Puis, sur l'invitation du vieux marin, quelques instants furent consacrés à la toilette générale.

Les uniformes du jeune gentilhomme ayant été jadis transportés à Kerbozec comme des meubles inutiles, Ermel et Montreuil reparurent en tenue d'officiers. Les dames, de leur côté, quittèrent le grand deuil, et le déjeûner ne tarda point à réunir la famille dans l'étroite salle à manger.

Alain, en uniforme d'Artois, — c'était le seul de ses vêtements qu'il eût retrouvé à la ferme, — Alain alla se placer comme autrefois derrière son maître.

On ne parla point d'abord des derniers événements qui répandaient le deuil dans le pays. Les améliorations faites à Kerbozec depuis qu'on y était fixé, fournirent le sujet de la conversation.

Hilaire raconta qu'un jour, au moment de la plus grande détresse, — la famille La Faugerais manquait alors du plus strict nécessaire, — Jean du Gavre était arrivé de

Vannes avec une somme considérable en disant que c'était une restitution faite par le nouvel acquéreur de l'hôtel La Faugerais.

— Figurez-vous, poursuivit Hilaire, qu'après sa délivrance, le citoyen Famine, reconnaissant, selon toute probabilité, de la générosité des Chouans, a cessé de les persécuter comme autrefois. Il s'est bientôt vu accusé de modérantisme et de trahison, et il a eu beau s'en défendre on l'a condamné à mort et guillotiné.

— Il ne l'avait pas volé, dit Alain Gavésio entre les dents.

— Pour la seconde fois, l'hôtel La Faugerais a été vendu comme bien national. Le pays était devenu fort tranquille, les révolutionnaires tenaient à se gagner les esprits des gens de la campagne, à telles enseignes que le curé de Saint-Ermel a pu faire réparer notre ancienne église. Morvan-Béquille lui a procuré des fonds. On a bâti en même temps une chaumière qui sert de presbytère, déjà quelques huttes s'élèvent sur l'emplacement de Saint-Ermel.

Armand soupira, Louise et Francésa songèrent à leur père qui reposait dans le cimetière du bourg, et l'on put voir que tous les assistants avaient de semblables pensées ; mais le vicomte de Kerbozec prenant la parole, continua le récit.

—Figurez-vous donc, dit-il, que Jean du Gavre, profitant du court instant de tranquillité dont on jouit alors par ici fréquentait la ville, suivant sa coutume. Il fut un jour accosté par un inconnu de la part du nouvel acquéreur de notre maison, et cet homme lui remit la somme dont vous parlait Hilaire, en lui faisant promettre de ne jamais faire de recherches à cet égard et en disant qu'il agissait ainsi par conscience, pour indemniser les légitimes propriétaires. Nous trouvâmes l'indemnité bien forte, mais enfin, ne pouvant pas en restituer la moindre partie, nous l'avons employée à nos besoins et à ceux de nos serviteurs.

Telle était la version connue à Kerbozec, où Jean du Gavre ne s'était pas vanté de ses négociations de Sarzeau.

La prétendue reconnaissance du citoyen Famine, c'est-à dire la peur qu'il avait des corsaires, le fit tomber de Carybde en Scylla. Quand il eut été exécuté, l'on voulut confisquer ses biens, mais Jean du Gavre, titres en main, en réclama la propriété; l'on tenait beaucoup alors à ménager les paysans, et l'on favorisait ouvertement ceux qui achetaient du bien national; Jean du Gavre se fit passer pour un citoyen éclairé, il fut maintenu dans ses nouvelles acquisitions, et les revendit le plus vite qu'il put. Le prix de cette seconde vente, qui embrassait non-seulement l'hôtel La Faugerais, mais encore toutes les autres acquisitions de Famine, dut paraître exagéré. Jean du Gavre inventa un conte. Il fit ainsi accepter à la famille ruinée le prix de la ruine de plusieurs autres familles dépouillées par la révolution.

Si les La Faugerais avaient pu soupçonner de semblables arrangements, ils auraient refusé avec horreur. Si le vieux Pierre Gavésio en avait eu connaissance, il les aurait dénoncés; car l'honneur de ses maîtres lui était plus cher encore que leur bien-être et leur fortune. Mais Jean du Gavre ne révéla rien; les corsaires, ses complices, étaient au large et d'ailleurs le capitaine Piment n'avait pas même bien compris toute la portée de l'acte de vente dont il avait été témoin.

Le domaine de Rosven était déjà vendu aux enchères, au citoyen Brutus, ouvrier en cuirs et concurrent commercial du gros citoyen Famine, à la condamnation duquel il avait puissamment contribué.

II.

RÉCITS.

L'Histoire de Montreuil, comme celle de la plupart des gentilshommes qui se mêlèrent aux événements de la Révolution, était pleine de situations dramatiques, de dangers, de hasards heureux, de positions affreuses auxquelles il ne semblait pas vraisemblable qu'il eût pu échapper.

Grièvement blessé à Valmy, Montreuil tombe, se relève presque aussitôt, et, avec la furie du désespoir, s'élance au plus épais de la mêlée, s'ouvre un passage ; mais retombe bientôt criblé de nouvelles blessures au milieu des rangs ennemis. Un volontaire de la nation, qui allait au feu pour la première fois, saisit avec empressement une occasion de se mettre à l'abri des coups en ramassant le jeune émigré, qu'il porte à l'ambulance. Les officiers de santé ne s'occupèrent que médiocrement d'un homme inévitablement destiné à passer par les armes. Néanmoins on le pansa, on le transféra même à l'hôpital de Châlons, puis il fut jeté en prison pour être jugé et fusillé. Un mouvement de troupes ayant eu lieu, la commission militaire ne s'assembla pas, Montreuil fut laissé à l'autorité locale, il n'y gagna pas grand'chose ; le tribunal le condamna peu de jours après à la peine de mort.

Ici eut lieu tout un petit roman assez vulgaire. La fermeté, la gaîté, le courage de Montreuil touchèrent la fille du geôlier, elle lui fournit un déguisement et facilita son évasion.

Montreuil, vêtu en roulier sortit de la ville, suivit au hasard les premières charrettes qu'il rencontra, eut l'adresse de se faire bien venir du conducteur, dit qu'il faisait même route, et gagna l'intérieur de la France sans trop le vouloir.

Payant d'audace, à l'exemple d'Antonio Muniz sur la frontière des Pyrénées, le chevalier affecta les allures et le langage d'un homme du peuple, il sut jouer son rôle ; c'était de préférence dans les corps-de-garde qu'il entrait sous prétexte d'allumer une pipe ou pour demander place sur le lit de camp ; rencontrait-il des gendarmes, il avait toujours quelque renseignement à leur demander ; son franc-parler, son ignorance feinte, son enjouement surtout, le mirent toujours à l'abri des soupçons. Cependant ses ressources, produit de la vente d'une montre d'or échappée à bien des naufrages et réalisée en especes par l'entremise de la sensible geôlière, ne tardèrent pas à s'épuiser. Montreuil sollicita et obtint les fonctions de garçon charretier ; il vécut ainsi jusqu'au moment où sa vie nomade lui permit de pénétrer en Vendée et de rejoindre ses compatriotes.

Au mois d'avril 1793, il combattait avec une troupe de gens de sa paroisse aux environs de Chollet ; l'affaire fut des plus chaudes. Enveloppé par les Bleus, il allait être écrasé sous le nombre, lorsque tout à coup un vaillant peloton de Morbihanais accourt, le dégage, et — merveille ! — Montreuil reconnaît dans son libérateur Ermel de La Faugerais.

Ils s'embrassèrent; ils combattirent tout le reste de la journée l'un à côté de l'autre; ils ne se quittèrent plus.

Les deux amis s'était réciproquement crus tués à Valmy.

Le soir, au bivouac, Montreuil conta son histoire; Ermel de son côté, lui apprit comment il était revenu en Bretagne, lui parla des événements de Rosven, et dit ensuite de quelle manière il s'était rendu en Vendée avec quelques bandes de Bretons qu'il avait successivement rencontrés en chemin.

Durant toute la campagne, Alain suivit et servit les deux frères d'armes avec son zèle accoutumé. Que de fois ces trois hommes se sauvèrent réciproquement ! Ils furent pris, délivrés, repris; ils n'échappèrent que par miracle à des périls sans cesse renaissants. Ils se signalèrent constamment, se trouvèrent à presque toutes les grandes batailles, passèrent la Loire, combattirent au Mans, à Laval, à Savenay, et ne renoncèrent à la partie qu'au moment où la déroute fut complète.

Non moins heureux dans leur malheur que George Cadoudal, la *Tête-Ronde*, ils parvinrent alors à se soustraire aux massacres, arrivèrent au bord de la Vilaine, entre Redon et la Roche-Bernard, la franchirent malgré leur extrême fatigue et un froid excessif, et puis, se dirigeant à travers champs, ils pénétrèrent au cœur du pays de Vannes.

Ces récits remplirent plusieurs journées à la gentilhommière de Kerbozec.

C'était tantôt Ermel qui prenait la parole, et alors on pouvait être sûr que Montreuil serait le héros du récit, mais Montreuil l'interrompait pour lui rendre la part qui lui était due.

Tantôt c'était Montreuil qui racontait spirituellement, au grand plaisir du vicomte de Kerbozec, quelque sombre passage d'où sa verve faisait jaillir des étincelles plaisantes.

Ermel faisait frémir Francésa ; mais la douce Mélite elle-même ne pouvait réprimer un sourire lorsque Montreuil s'arrêtait à quelque détail comique des plus lugubres épisodes. Ainsi, par exemple, quand il montra l'armée vendéenne dans la détresse, manquant de tout, occupée à se procurer des vêtements et quand il peignit le partage fait des dépouilles théâtrales des petites villes où l'on se replia, les couleurs qu'il donna au tableau furent telles qu'il provoqua l'hilarité générale.

Du reste, c'était surtout à son propre sujet que Montreuil éveillait le rire dans Kerbozec ; son interrogatoire à Châlons, les portraits caricaturés de ses juges, ses réparties moqueuses adressées au tribunal, furent une source d'heureuses plaisanteries. Montreuil fit ressortir une multitude de *qui-pro-quo* que l'ignorance des juges révolutionnaires rendit si fréquents en matière criminelle, et parfois il arrachait des sourires au grave Armand lui-même. Ses aventures de charretier lui valurent d'incomparables succès. Jean VII et ses petits frères raffolaient de Montreuil.

Au milieu de tout cela, l'on n'omettait aucun des traits de dévouement du brave Alain, qui avait reçu sa dernière balafre en préservant son maître d'un coup mortel. A la ferme, il y avait des récits pittoresques qui ne le cédèrent pas à ceux du manoir.

Déjà même on commençait à jaser de choses plus actuelles encore, Toinette et Jeanne du Gavre accouplaient volontiers les noms de Montreuil et de Mélite ; elles n'avaient pas tout-à-fait tort. Mais le deuil de la famille ne permit pas encore de songer à un double ou plutôt à un triple mariage, et sur les entrefaites Jean du Gavre apporta la nouvelle que les gens du pays couraient aux armes.

Morvan-Béquille reparut avec son étendard.

Hilaire, Ermel, Montreuil, les Gavésio reprirent le mousquet ou l'épée.

La chouannerie se reformait de toutes parts ; Georges Cadoudal d'un côté, Aimé Dubois-Guy, le comte de Puisaye, Boishardy, Tinténiac, trouvèrent des auxiliaires et des soldats parmi les gentilshommes et les gars de Saint-Ermel, de Saint-Gaël et des paroisses avoisinantes.

Toutefois, à l'époque de cette nouvelle levée de boucliers, Armand fit appeler le bon recteur de Saint-Ermel, et enfin trois unions depuis longtemps attendues comblèrent les vœux d'Ermel et de Francésa, du chevalier de Montreuil et de la douce Mélite, d'Alain et de la belle Jeanne du Gavre.

Alors commença une nouvelle série de luttes et de scènes dramatiques qui se succédèrent pendant sept années presque sans interruption. Mélite et Francésa suivaient Montreuil et Ermel dans leurs expéditions aventureuses ; alternativement elles restaient à la gentilhommière avec Louise, son père et le vicomte de Kerbozec.

Jean VII se trouva bientôt en âge de combattre, il marcha; et quand la guerre se termina, au commencement de l'Empire, trois jeunes La Faugerais avaient fait leurs premières armes avec leur père Hilaire le châtelain.

A son tour Hilaire était alors le chef de la famille, car en 1798 Armand, et peu après le vicomte de Kerbozec, moururent dans leur modeste retraite.

Ce dernier cependant ne ferma pas les yeux sans avoir plusieurs fois revu son ancien maître d'équipage du *Lys* et de *la Constitution*, Matthieu Piment, l'homme du *Diadème* le vaillant corsaire dont la conduite pendant les guerres de la chouannerie est bien l'un des plus curieux amalgames qu'on puisse imaginer.

Toujours capturant des Anglais sous pavillon tricolore, toujours fêté par le peuple des villes maritimes sous le sobriquet de *Pimentum* (qu'il faut prononcer *Piment-t-homme*), le brave marin dut surtout son bonheur à sa parfaite connaissance des côtes.

Comme ces cavaliers qui dans une même bataille ont trois ou quatre chevaux tués sous eux, Piment usa sous ses pieds trois *Passe-Partout*; le brig changeait, le nom ne changeait pas.

De loin comme de près, Piment pensait toujours au commandant Kerbozec et à sa famille; il entretenait des relations suivies avec les Chouans. Il ne manquait pas de venir de temps en temps à Sarzeau à la faveur de quelque nuit obscure. C'était là qu'il débarquait pour le service des Blancs des armes et des munitions dont la destination ne changeait pas, quoiqu'elles eussent changé de maîtres. Matthieu Piment trouvait très-divertissant de distribuer gratis, ou à peu près, à ses compatriotes, les armes que les Anglais leur auraient vendues fort cher.

De tous les soldats qui avaient embarqué à son bord, un seul continua à naviguer avec lui; ce fut Antonio, qu'on revit plusieurs fois à Kerbozec; car, en sa qualité d'ancien contrebandier, il s'entendait à merveille à introduire en fraude les cargaisons capturées. Plusieurs fois le généreux corsaire, qui faisait des affaires d'or, contraignit la famille à accepter des secours que le malheur des temps força de recevoir.

— Vous me rendrez cela plus tard, disait le marin; et puis, croyez-vous que j'aie oublié que les Gavésio et vous tous avez eu soin de ma bonne femme de mère dans les temps!... Ça me coûte si peu!... et ça vient des Anglais!

Là-dessus Matthieu Piment reprenait le large, et quand il arrivait ensuite à Roscoff, à Morlaix, à Saint-Malo ou à Dunkerque, il se prêtait de bonne grâce aux ovations républicaines.

Ce fut à Dunkerque qu'il débarqua les grenadiers, nantis chacune d'un quinzaine de mille francs, et qui embrassèrent des professions diverses ; mais Géranium, Bec-de-Perdrix et l'Enflammé lui-même, ne purent se résoudre à renoncer à la carrière militaire. Ils s'enrolèrent de nouveau, firent ensemble les campagnes d'Italie et d'Égypte, et revenus de la dernière avec le général en chef, ils contribuèrent pour leur petite part au succès du 18 brumaire.

L'Enflammé, fidèle à ses antécédents, trouvait *compromettant* de faire passer par la fenêtre les représentants du peuple souverain ; néanmoins il croisa la baïonnette sur les Cinq-Cents, à l'exemple de Géranium, alors sergent de grenadiers. La salle fut évacuée.

Le petit caporal fut proclamé consul, et plus tard empereur : nos trois grognards firent partie de sa garde. Ils étaient à Austerlitz et à Wagram. En 1810, ils furent admis tous trois à l'hôtel Impérial des Invalides.

En réunissant leurs ressources et leurs retraites, ils auraient très-bien pu vivre à leur aise bourgeoisement ; mais Géranium les décida, par un discours en trois points, à prendre ce parti. Ils vécurent dans une sorte d'opulence, grâce aux parts de prises que Géranium avait placées à 5 p. 100, non sans craindre de tout perdre.

— Mais, s'écria-t-il, tant pis si ce qui est venu par eau s'en va par terre.

Et puis s'adressant à l'Enflammé, vieille moustache blanche qui ne jurait que par l'Empereur :

— Je te disais bien, mon petit cœur, qu'une bonne action a toujours sa récompense, comme c'est écrit dans la vie de Turenne, qui fut dans son temps un vieux de la vieille..

— Quelque chose comme le petit caporal, ajoutait Bec-de-Perdrix, toujours commentateur.

— Je t'en fiche, reprenait l'Enflammé, comme s'il y avait jamais eu guerrier pareil à mon Empereur... quoiqu'il nous ait bien *compromis* au 18 brumaire!... Un coup à la Géranium qu'il fit ce jour-là.

A l'époque où les grenadiers invalides causaient ainsi, Jean VII de La Faugerais, servait dans un régiment de hussards de l'empire en qualité de capitaine, il avait vingt-huit ans et la croix d'honneur; son second frère était lieutenant d'infanterie.

Hilaire et Louise n'avaient auprès d'eux que François, leur dernier fils, et leur fille, née en 1799, et qu'on avait nommée Dominika en souvenir d'Ermel, de Montreuil et d'Antonio.

La tranquillité s'était rétablie dans le pays; Montreuil, devenu le comte de Montreuil, était établi en Vendée, avec Mélite, où l'on disait en les voyant heureux : — C'est tout simple, ils n'ont pas du tout le même caractère; la petite dame est douce et patiente comme une sainte, le mari est vif comme la poudre. Quoique M. le comte ait bien quarante ans passés, on ne lui en donnerait pas vingt-cinq : gai, rieur, bon enfant; ménage admirable.

Les gens de Saint-Ermel et de Kerbozec disaient d'autre part, en parlant d'Ermel et de Francésa : — Comment voudriez-vous qu'ils ne fussent pas heureux? mêmes goûts, même caractère, même esprit; ce qui plaît à l'un ne man-

que pas de plaire à l'autre : voilà le secret de leur bonheur,
Hilaire et Ermel demeuraient ensemble ; le premier avait hérité du titre de *Bonhomme*, le second était toujours connu sous celui de M. le chevalier.

Vers la fin de 1810, un triste événement qui ne semblait pas devoir jeter le trouble dans la famille fut cependant cause d'une réunion générale et solennelle ; Montreuil et sa femme furent mandés par un exprès.

— Il s'agissait, leur écrivait Hilaire, de l'honneur de la famille gravement compromis.

Les termes dont se servait le châtelain étaient si alarmants, que Montreuil partit sans retard, amenant avec lui ses enfants et sa femme.

A leur arrivée, ils virent la consternation sur les traits de tous les serviteurs. Alain et sa femme, Bastin et la sienne, essuyaient leurs larmes, et quoiqu'ils fussent en deuil, il était aisé de comprendre que la mort récente de Jean du Gavre n'était pas la cause de leur principale douleur :

—Ruinés! ruinés à jamais!. Ils veulent vendre Kerbozec, disaient les pauvres gens!...... Et comment vivront-ils après!... Mon Dieu prenez pitié de nous !

Pierre Gavésio, qui avait alors soixante-quatorze ans, l'unique représentant de la génération d'Armand et du vicomte de Kerbozec, Pierre Gavésio disait en breton :

— Plût à Dieu que mon fils Alain, et mon gendre, et toutes mes filles, et tous mes petits-enfants eussent été hachés et moi avec eux... et que ce jour-ci ne fût pas arrivé.... Ah! Jean du Gavre, qu'as-tu fait?... Tu as voulu le bien et tu es cause de tout le mal... Je les connais, moi! ils vendront, ils vendront ! Et je n'ai rien, et je les verrai dans la misère! O mon Dieu! pourquoi ai-je assez vécu pour voir brûler Rosven et vendre Kerbozec!

Le patriarche de la métairie, parlant ainsi, arrachait par poignées ses longs cheveux blancs; et dans l'étroite cour de la gentilhommière, sa famille dévouée se lamentait, lorsque Montreuil et Mélite pénétrèrent dans le petit salon.

Hilaire était assis dans ce même fauteuil où Kerfuntun et Jean-François avaient rendu le dernier soupir. Montreuil et Mélite furent accueillis avec une profonde tristesse.

— Frère, dit Ermel en serrant la main de Montreuil, nous sommes tous ruinés, nous et nos enfants, et toi même, car il faut ton bien pour sauver notre honneur.

— Vous l'aurez dit Montreuil en s'asseyant; voyons d'abord, de quoi s'agit-il?

Hilaire prit alors la parole et dit que Jean du Gavre, à son lit de mort, avait confessé au recteur l'origine de la somme sur laquelle on vivait depuis seize à dix-sept ans. Ce n'était pas une restitution, comme on l'avait cru, mais le fruit d'une fraude d'où il résultait que la famille avait reçu le prix d'une masse de biens nationaux parmi lesquels les leurs ne figuraient que pour une somme misérable.

— La valeur de ces propriétés sous la Terreur, poursuivit Hilaire, était si faible, que le capital provenant de leur vente totale nous sembla être le prix de nos terres de Rosven et de notre maison de Vannes. Mais, hélas! nous avons reçu celui de biens dont la valeur actuelle s'élève à cent cinquante mille francs. Il faut les rendre aux propriétaires légitimes que, de fait, nous avons dépouillés. Nous sommes ici les représentants de Jean du Gavre : sa donation, que nous avons acceptée sans en connaître la source, nous oblige à la restitution du capital, auquel il faudrait ajouter environ cinquante autres mille francs pour les intérêts depuis seize ans. — J'ai ici toutes les pièces relatives à cette affaire, Ermel les a rapportées de Vannes hier soir. Kerbozec est loin de représenter l'intérêt seul de notre dette.

— C'est bien! dit Montreuil, mes propriétés feront le reste, l'honneur de notre famille m'est plus précieux que la fortune et la vie.

Il y eut ici un instant de silence, La main de Montreuil était dans celle d'Ermel.

— Mais, au nom du ciel! de quoi vivrez-vous après? s'écria le vieux Gavésio.. vous n'aurez plus rien!... Non! ce n'est pas juste!

— C'est juste, dit Hilaire, pour ce qui nous concerne. Quant à Montreuil, il se sacrifie lui et ses enfants. Je n'attendais pas moins de sa générosité.

Le fermier s'écriait encore : — De quoi vivrez-vous! qui vous donnera le pain de chaque jour ?

— Dieu, qui nous l'a donné jusqu'à présent, répondit Hilaire. Et puis je compte sur toi et sur tes enfants. Nous vendrons nos effets, nos meubles, nous nous ferons paysans comme vous, Gavésio ; nous vivrons sur ta ferme. Tu partageras ton pain avec tes amis, qui ne seront plus tes maîtres.

— Ah! s'écria Gavévio... si je pouvais vous donner mon sang!.. Mes maîtres, paysans! mes maîtres, journaliers!... Mon Dieu!

La douleur du vieillard ne peut être dépeinte.

Les maîtres étaient résignés et fiers ; ils avaient la conscience du devoir qu'ils accomplissaient, et puisaient dans ce sentiment une force qui manquait à Pierre Gavésio. Il fallut l'emporter pour le mettre au lit.

Depuis plusieurs jours on ne mangeait plus que du pain

noir au logis ; telle fut l'hospitalité que Montreuil et Mélite recurent dans la maison de leur frère, Hilaire de la Faugerais. L'on s'entretint de l'avenir avec calme et fermeté. Montreuil écrivit à Niort pour mettre ses propriétés en vente.

Le soir, Ermel se rendit à Vannes ; le lendemain la gentilhommière y était affichée.

En même temps, non sans une noble satisfaction, on faisait annoncer à toutes les familles dont Jean du Gavre avait possédé et vendu les biens nationalement, qu'incessamment on leur en restituerait la valeur, intérêts et capital.

Peu de jours après, Montreuil se préparait à retourner en Poitou, pour hâter la vente de son patrimoine ; la famille entière l'accompagnait sur la route de Saint-Ermel.

On s'arrêta pour lui dire adieu, sur cette même hauteur où il avait fait halte avec Ermel et Alain, seize ans auparavant, le surlendemain du combat de Savenay, alors qu'il venait demander asile à la famille proscrite.

III.

FIN DE L'HISTOIRE DE MATTHIEU PIMENT, L'HOMME DU DIADÈME, CAPITAINE DU BRIG-CORSAIRE LE PASSE-PARTOUT.

— La famille, résignée à sa ruine et bien décidée à vivre désormais du travail de ses mains, venait de dire adieu au comte de Montreuil, qu'on apercevait encore gravissant un sentier escarpé, lorsqu'un homme de quarante à cinquante ans, d'une taille au dessus de la moyenne, et courbé sous le faix d'un sac de soldat lourdement rempli, parut à l'extrémité du chemin.

Cet homme ne connaissait pas Montreuil, mais il l'arrêta :

— Monsieur, dit-il, venez-vous de Kerbozec?

— Oui, mon brave; et laissez-moi vous demander des nouvelles de votre excellent capitaine Matthieu Piment, et de notre vieil ami Antonio Muniz y Bayen; car, sans vous vous avoir jamais vu, je vous reconnais, vous êtes Arrache-Tout.

— Oui, monsieur, je suis Arrache-Tout, et je pense

savoir qui vous êtes, puisque vous me parlez de même ; vous êtes M. de Montreuil, le mari de mademoiselle Mélite...

— Vous l'avez dit, mon brave ami, je suis Montreuil.

Le rude marin poussa un profond soupir et reprit avec l'accent de la plus vive douleur :

— Voyez mon chapeau, monsieur, voici la première fois que je mets un crêpe autour...... Mais tant qu'Arrache-Tout vivra, il n'aura pas d'autre ruban.

L'herculéen maître d'équipage ne put continuer, la voix lui manqua ; Montreuil, touché de sa douleur, descendit de cheval et lui prit la main.

— Allons ! allons faire sa dernière volonté ! reprit enfin le corsaire.... et si vous n'êtes pas trop pressé, monsieur Montreuil, menez-moi... car je n'ai plus de force, moi, depuis que mon vieux Piment... je n'y vois à gouverner. J'aurais dix écubiers au lieu d'un, que je n'y verrais pas davantage.

L'œil unique du farouche marin s'était rempli de larmes ; Montreuil tenant d'une main son cheval en laisse, de l'autre le conduisit vers le monticule où la famille réunie les attendait avec étonnement.

Le nom d'Arrache-Tout fut bientôt dans tous les bouches. Bientôt aussi l'on sut qu'il venait, par la volonté de Matthieu Piment, remettre à la famille du vicomte de Kerbozec l'héritage du corsaire.

— C'est-là, dans ce sac... voyez... ça pèse, et je me fais vieux... depuis cinq semaines qu'il est mort.

Les maîtres et les fermiers entouraient le marin qui, ayant posé par terre son énorme sac de soldat, dit avec effort :

— A boire ; j'étouffe... voilà comme je suis... ah !...

Alain lui donna à boire et se chargea du sac ; mais Hilaire s'adressant à Montreuil :

— Attendez, mon frère, ne partez pas encore ; cet héritage peut être considérable, et, s'il nous est permis de l'accepter, l'objet de votre voyage changera. Si la vente de Kerbozec suffisait, nous irions à Montreuil, on verrait.

Malgré le grave intérêt attaché à la question, personne n'eut la faiblesse de demander au marin la quotité de la somme qu'il apportait.

On rentra au salon et le vieux Gavésio, malade de chagrin, ayant été prévenu, sortit du lit pour être présent à la nouvelle scène qui se préparait.

Pendant la route, Arrache-Tout avait dit que le *Passe-Partout* était désarmé et démoli, qu'Antonio avait pris passage sur un autre brig pour retourner à Bayonne, d'où il comptait se rendre par terre dans ses montagnes.

— Il était devenu fin matelot en peu de temps, et il aimait mon vieux.... presque autant que je l'aimais moi.... rapport à M. Ermel de La Faugerais.

Pierre Gavésio fit quelques difficultés pour s'asseoir en présence de ses maîtres, mais Arrache-Tout se laissa tomber comme une masse sur une chaise ; les La Faugerais et les fermiers attendirent en silence qu'il pût parler.

Alain posa sur la table à côté de lui un verre et du cidre.

Le marin, la tête entre ses mains, sanglotait, et des larmes roulaient dans tous les yeux, en exceptant toutefois le vieux Pierre, qui examinait d'un regard cupide le sac encore bouclé. — Il l'avait soupesé tout à l'heure, c'était horriblement lourd ! mais contenait-il de l'argent ou de l'or ?..... Jamais un avare ne contempla son trésor avec plus de passion que le vieux Pierre, encore tremblant de la fièvre, n'en mettait à examiner le fardeau d'Arrache-Tout.

Tout à coup, avec une énergique brusquerie, le marin,

leva la tête, essuya son œil avec la manche de son grossier caban, prit le verre de cidre, le but d'un trait et dit :

— Voici donc cinq semaines aujourd'hui, messieurs... la brise était bonne, nous naviguions avec perroquets et catacois, au vent de l'île de Baz, le cap au N.N. E., la côte tribord à nous. — Matelot, me dit-il, car toujours sur la fin il m'appelait *matelot!*... quoiqu'il fût mon capitaine...Les autres me disaient : — Maître ! Grand-Borgne ! Arrache-Tout ! n'importe ! Lui m'appelait *Matelot!* cent mille fois mieux que frère, quoi !...

Arrache-Tout but un second verre de cidre.

Tous les assistants, à l'exception de Pierre Gavésio, avaient oublié le motif de sa visite. La douleur de cet homme qu'on avait connu si impitoyable, adoucissait ses traits farouches, de grosses larmes coulaient dans les profondes cicatrices qui couturaient son visage.

— « Capitaine ! voilà ! » reprit le marin. Il me commandait bien de l'appeler aussi *matelot*, je n'ai jamais osé.. Ce n'était pourtant pas faute de l'aimer.... mais moi un rénégat ! appeler *matelot* un homme pareil !... un homme que le bon Dieu était pressé d'avoir en Paradis !..... c'est sûr !

La narration d'Arrache-Tout fut d'autant plus longue que la voix lui manquait souvent ; il fallait attendre que par des efforts inouïs il parvînt à continuer

— « Ouvre l'œil, matelot ! » dit-il ; poursuivit Arrache-Tout. « Le vent a tourné l'autre nuit, j'ai idée qu'il y aura
» gras ce matin. » — « Bon ! capitaine, j'ouvre l'œil ! » Comme il me l'avait dit dans le temps, — vous savez au bois du Ménec, — mon écubier de tribord y voyait à lui seul pire que les deux ensemble... Il n'aurait pas coulé une blague à son *matelot* !... Oh ! non...Cœur d'or ! Vieux des Vieux !...

pareil à Jean-Bart!... Me voilà donc devant, au bossoir, en vigie. Il m'envoie de sa table un petit verre de rhum pour m'éclaircir la vue... Juste, comme je finisssais de boire : — « Voile! »... Et cette voile, c'était la mort pour lui !... Pourquoi ne m'ont-ils pas fait aveugle et non pas borgne !... Et Arrache-Tout se frottait les mains encore, et il riait, et il disait : — « J'ai bon œil !... » C'était mauvais œil que j'avais... Ah! tant que je vivrai, je... — *Mollis les écoutes! hisse les bonnettes! branle-bas de combat!* Histoire de rire, c'était un gros trois-mâts, tout seul, proche la rivière de Morlaix... On aurait juré d'un requin qui mord à l'émérillon, qu'on n'a qu'à le hâler dedans. — Oui, messieurs un gros trois-mâts marchand anglais, affalé sur la côte.. Antonio jasait, et moi aussi, et nous disions : — « Fameuse pêche! si tant seulement il est lesté en gourdes !...... » Et il y avait des gens de Sarzeau qui riaient entre eux du capitaine, parce que, à leur idée, c'était pas la peine de faire tant de branle-bas pour un morceau de bois monté par cinq ou six hommes, sans canon, un coffre sur un grand chemin... Mais moi, entendant ça, je leur envoyai deux coups de poing pour leur apprendre à marronner et à se moquer de mon... — *Hisse pavillon tricolore!* c'était l'ordre. Il aimait le blanc, mais l'empereur n'a pas voulu changer la chose... suffit !... *Envoie une prune!* pour faire mettre les couleurs aux trois-mâts.... Bon! c'est un Anglais.... c'est de bonne prise !.. « Faut pas avarier ça, dit-il; faut le rentrer à Morlaix sans qu'il y manque un brin d'étoupe, tant seulement. » — « Bon, que je réponds, c'est pas malin !... Chauffe! chauffe !... » Ils mettaient bien tant de voiles qu'ils pouvaient.. Mais le *Passe-Partout* N° 4 marchait mieux que N° 3, qui marchait mieux que N° 2, et ainsi de suite. Chaque fois qu'il faisait bâtir un navire, il inventait une invention à son idée pour le rendre plus fin voilier..... Et ce gréement que nous avions !.... les amours !.... des ailes ! Une demi-heure de de chasse, nous sommes bord à bord à toucher. — Sur le rouf du trois-mâts, un homme, le capitaine ; sur l'avant et dans le gréement, cinq à six matelots..... On n'en voyait pas plus... rapport que le trois-mâts était haut sur l'eau, et nous ras comme une péniche.,... Un bijou que notre *Passe-Partout* N° 4 ! un modèle à pendre dans une église.. C'était lui qui l'avait fait !..... Pas de méfiance... hormis Lui, qui avait toujours de l'idée : — *A vos pièces, matelots*, qu'il commande..... Nous avions six canons de huit et une fine particulière en pivot de dix-huit qu'on appelait à bord le *Vicomte de Kerbozec*, rapport à votre oncle. Une de ses idées... à Lui. — *Ho ! du trois-mâts ! oh !... amène !..*

Ici Arrache-Tout jura comme il savait jurer, puis s'animant, il se leva et dit :

— Une fusillade de tonnerre à bout portant ! il y avait un régiment d'écrevisses passagers sur les trois-mâts. Quinze hommes tués du premier coup, tous les chefs de pièces, tous les chargeurs... et les soldats rouges parés à descendre à notre bord. Lui, un coup de fusil à travers la poitrine, à plat sur le pont ! — Feu ! feu ! partout ! qu'il commande. Et on ne faisait pas feu, vu que tous les chefs étaient tués et les servants de gauche ne savaient plus ce qu'ils faisaient. Là haut des tambours battaient la charge. En même temps on criait : — « Corvette en vue ! » — C'était une corvette anglaise. Moi je cours à notre *Vicomte* chargé à mitraille jusqu'à la gueule... envoyé ! Fallait voir les homards rentrer en dedans plus vite qu'ils n'étaient sortis.. Antonio se montra bien, il prend un boute-feu, passe d'un canon à l'autre, tout va en plein bois à la hauteur de la flottaison ! Pas besoin de pointer pour ça... On se touchait, comme j'ai dit. — Allons ! courage ! matelots... coulez bas, que je crie.. Le capitaine leva le doigt pour dire de mettre la barre dessous, à seule fin de déborder un peu au large. Voyez-vous, messieurs, on n'a jamais vu rage pareille ! Ils n'avaient pas eu *peur*, mais tant seulement *frayeur*... Comme *Sans-peur*, quand les pigeons sortirent en volant du pâté du Roi qu'il découpait devant les princesses...

Sous l'impression belliqueuse du récit, la douleur d'Arrache-Tout avait fait place à un sentiment de fureur qui lui permit de trouver aisément ses mots. Un des contes bien-aimés du gaillard-d'avant put ainsi lui revenir en mémoire. Rien n'expliquait mieux, du reste, le premier mouvement d'effroi des corsaires fusillés à bout portant par un bataillon d'infanterie inattendu, que la surprise du fameux *Sans-Peur*.

— Nous les coulâmes, nous les coulâmes tous par le fond ! et il n'en est pas revenu un seul.... J'en réponds ! moi ! — s'écria le maître de manœuvre avec une exaltation sauvage. — Ce trois-mâts à fait son trou dans l'eau... et le *Passe-Partout*.., c'était moi ! qui tenais la barre !... le *Passe-Partout* a dansé sur la place ! La corvette nous tira bien dessus ; mais à toute volée. Nous courions sur le château du Taureau pour rentrer en rivière de Morlaix. Et alors tout allait comme sur du velours et je rendis la barre à l'homme de service.

Arrache-Tout se rassit. Le vieux Pierre Gavésio regardait toujours le sac avec une curiosité fébrile, mais il attendit longtemps, car arrivé à ce point de son récit, le marin tomba dans un état de faiblesse tel qu'il ne put continuer.

Alain lui offrit à boire, il repoussa le verre ; enfin, montrant le sac du doigt :

— Un papier, prends un papier par dessus tout.

Alain défit les courroies, et en effet, la première chose qu'il trouva fut une grande feuille de papier, pliée en quatre, maculée, tachée d'encre, de peinture, de goudron, jaunie par le temps, sale et couverte d'écriture.

Un geste d'Arrache-Tout lui indiqua qu'il fallait remettre ce papier au chef de la famille ; Hilaire le prit et lut à haute voix sur l'invitation du matelot :

Au large, à bord du Passe-Partout, le 16 mars 1793.

« Ceci c'est le testament de Matthieu Piment, l'homme
» du Diadème, né à Sarzeau, le 25 décembre 1730, et qui
» mourra quand il plaira au bon Dieu. »

Il convient de rectifier l'orthographe du vieux marin, mort, à l'âge de soixante ans, sur le gaillard d'arrière du *Passe-Partout*.

« Au nom du Père, du Fils, et du Saint-Esprit, ce qui est
» sur ce papier est la pure vérité. Voilà !

« Voici trois jours, j'ai eu une bonne idée dans le bois du
» Ménec, et comme on ne sait ni qui est-ce qui vit, ni qui
» est-ce qui meurt, je veux mettre la chose en écriture au
» large d'Ouessant.

» Jean du Gavre a tiré un plan, moi j'en tire un autre ;
» rapport au commandant Kerbozec et à toute sa famille
» qui est quasiment la mienne ou tout comme, n'importe !

» Tout ce que je prendrai sur l'Anglais, en or, argent ou
» billets, je l'arrimerai dans mon coffre, chez la mère Barbe-
» Jean, à Brest, à l'auberge de la Pique-Républicaine, ci-
» devant au vaisseau *la Couronne*. Et si la mère Barbe-
» Jean file son nœud avant moi, sa fille Fanchonik gardera
» la chose.

» Donc, vu que je n'ai plus ni père, ni bonne femme, ni

» personne autre de parent, je charge Arrache-Tou., quand
» j'aurai avalé ma gaffe, d'aller chercher l'argent à Brest,
» de changer l'argent en or ou bons billets bien solides,
» s'il ne peut pas tout porter. Il mettra ça dans un sac, et
» s'en ira par terre à Kerbozec, et tout mon héritage sera
» pour la famille de mon ancien commandant. Voilà !

» Si par hasard je vivais encore à la paix, j'arrimerais
» bien l'affaire autrement, mais pas besoin d'en parler ici.»

Arrache-Tout interrompant, s'écria :

— Oui il me l'a répété bien des fois qu'il voudrait rebâtir Rosven et venir demeurer avec vous, père Gavésio, dans la métairie !... Le vieux Gavésio fut plus touché de ce souvenir que de tout ce qu'avait dit Arrache-Tout en commençant. Hilaire continua :

» Je n'aime pas les notaires, ni les avocats, ni les négo-
» ciants; pourtant celui de Sarzeau était honnête, il m'a
» dit que mettant moi-même mon testament en écriture,
» c'était ce qu'il y a de meilleur.

» Si pourtant c'était pas vrai, Arrache-Tout, mon matelot,
» tu ferais tout de même ; c'est le cas de tuer les gendarmes
» comme des mouches. Faut que l'héritage arrive à Ker-
» bozec, à mon idée. »

— Ça y est dit Arrache-Tout !

« Si Arrache-Tout manquait, la mère Barbe-Jean aura
» aussi son petit papier.

» Si Arrache-Tout est toujours dans ce monde-ci, j'ai
» pas besoin de dire aux messieurs de Kerbozec qu'il faudra
» bien le soigner, parce que c'est un vrai, un matelot, le
» matelot du capitaine.

» Signé : MATTHIEU PIMENT. »

Un post-scriptum ajouté plusieurs années après, était ainsi conçu :

« Le commandant Kerbozec est mort, c'est tout de même!
» Jusqu'à cette heure, j'ai pas encore pu remplacer mon
» vaisseau le *Diadème* à Sainte-Anne d'Auray, que les
» sans-culottes m'ont volé. Je charge ces messieurs de don-
» ner à Arrache-Tout l'argent pour y en mettre un autre, à
» la chapelle de la Sainte-Vierge. Voilà! »

— C'est tout, dit Hilaire après avoir lu.

Arrache-Tout se leva de nouveau.

— Il avait fait trois papiers pareils, dit le malheureux maître, et trois autres pour la mère Barbe-Jean, où il arrimait l'histoire différemment ; mais voyant que nous étions dans les passes : — « Matelot, dit-il, en me contant ça, vu que je ne sais pas lire, prends le dans ma poche, c'est le bon il ne me quitte pas. Tu en trouveras d'autres dans le coffre pour la mère Barbe-Jean et Fanchonik, tu brûleras tout. »
— Moi, j'écoutais bien, je pensais encore qu'il en réchapperait de cette fois-là. — « Mais, dit-il, c'est fini, matelot, sitôt que nous sommes en rivière, envoie-moi chercher un curé, c'est mon idée!.. » Il avait toujours des idées jusqu'à la mort. — Et puis... et puis ! voilà!... dit Arrache-Tout éclatant en sanglots.

On n'en sut pas davantage

Le brave Matthieu Piment reposait dans le cimetière de Morlaix.

Le sac contenait quatre cent mille francs en or et en billets de banque.

— Heureux Piment ! s'écria Pierre Gavésio... Il sauve Rosven jusqu'après sa mort.

Arrache-Tout regarda fixement, et non sans colère, le vieux fermier qui prenant à son tour la parole avec une vive émotion, lui expliqua la situation dans laquelle se trouvaient les La Faugerais.

— Ah! dit Arrache-Tout avec un douloureux sourire, je comprends son *idée* du bois du Ménec... Comme il doit être content là-haut!.... Mais, s'il était ici, bonhomme!.... s'il y était en place d'Arrache-Tout!...

Le maître d'équipage oubliait que Piment ne serait pas venu à Kerbozec, car il aurait certainement continué à faire la guerre aux Anglais.

On sut par Arrache-Tout que les corsaires s'étaient dispersés après la mort de leur capitaine, dont le brig ne fut pas vendu, mais démoli pour qu'aucun autre ne le commandât après Matthieu Piment.

— Ce fut là sa dernière idée, dit Arrache-Tout. Mais c'est dommage tout de même qu'un si joli morceau de bois.. Il l'a voulu!

ÉPILOGUE.

En 1816, Rosven était rebâti, Saint-Ermel s'était repeuplé. Pierre Gavésio, arrivé à l'âge de quatre-vingts ans, voyait la famille de ses maîtres dans un état florissant sous tous les rapports. Ses derniers jours étaient heureux.

La prise d'armes de 1815 n'avait eu de suite funeste pour aucun des châtelains de Rosven; et la paix était affermie non-seulement en Bretagne et en France, mais dans toute l'Europe.

Arrache-Tout, après avoir pieusement accompli la volonté de son vieux capitaine, en appendant aux voûtes de Sainte-Anne d'Auray le modèle du vaisseau le *Diadème*, fabriqua pour les châtelains celui du *Passe-Partout*; mais ensuite il se lassa de vivre dans les bois, la mer lui manquait. Ermel le voyant triste lui fit avouer la cause de sa mélancolie, et aussitôt on lui acheta un bateau de pêche. Arrache-Tout alors, quoiqu'il eut cinquante ans bien passés, épousa une des filles de Gavésio, veuve d'un Chouan.

Toutes les semaines, le pêcheur et sa femme rendaient visite au manoir. Ils y rencontraient presque toujours Ermel et Francésa, fixés à Kerbozec, mais qui venaient sans cesse à Rosven chez le bonhomme Hilaire.

Montreuil et Mélite, qui habitaient au château de Montreuil, entre Niort et Poitiers, ne laissaient jamais s'écouler une année sans passer quelques mois à Rosven, où s'élevait déjà une nouvelle génération, car Dominika de La Faugerais était mariée et avait même une jeune garçon.

Pierre Gavésio vit ainsi sept générations de maîtres, en effet, dans sa première enfance il avait vécu en même temps que le grand-père du vieux Jean-François, et dans sa vieillesse il pouvait bercer le petit-fils d'Hilaire.

Mélite et Francésa, toutes deux mères depuis longtemps, et toutes deux il faut bien l'avouer, agées de quarante-quatre ans bien sonnés, conçurent cependant un projet digne de leurs jeunes années. Elles proposèrent à leurs maris un grand voyage en Bretagne, en Vendée, dans les Pyrénées et sur les bords du Rhin.

Saint-Vincent et Bischoven étaient des lieux qu'elles tenaient à visiter.

Le chevalier de La Faugerais et le comte de Montreuil opposèrent bien quelque résistance, mais les récoltes avaient été superbes, les enfants poussaient des cris de joie, les maris furent vaincus. On partit. On partit pour un véritable tour d'Europe. Le voyage commença par un pélérinage à Sainte-Anne d'Auray, où l'on vit le vaisseau le *Diadème* appendu en memoire de Mathieu Piment, le bienfaiteur de la famille.

Un service funèbre fut célébré pour le repos de l'âme du vieux corsaire, dont on visitait la tombe à peu de jours de là, car, après une courte halte à Brest, où Ermel et

Montreuil avaient chacun un fils dans la marine, on se rendit à Morlaix. Alain était du voyage, il pleura sur la tombe du valeureux Piment ; la famille reconnaissante y déposa des couronnes d'immortelles.

A Rennes, un pieux devoir du même genre fut rendu à la mémoire de Morvan-Béquille. Le mendiant avait été guillotiné comme *aristocrate* et *Chouan*. Conduit au supplice dans une charrette pleine de gentilshommes il chanta le *Salve Regina* suivant l'usage des *brigands vendéens* ou *bretons*, jusqu'au moment où le triangle d'acier trancha le fil de sa longue existence.

Le voyage en Bretagne et en Vendée fut tout entier consacré au culte des plus nobles souvenirs.

Alain rougissait souvent, car ses maîtres montraient à leur famille les lieux où il avait combattu à leurs côtés, les endroits où il avait sauvé l'un ou l'autre au péril de sa vie. Mais à Saint-Vincent, des émotions d'une autre nature attendaient la famille.

Antonio dans son aire de contrebandier, ne put retenir sa joie en voyant les pélerins ; il embrassait Alain, il baisait les mains de Montreuil et d'Ermel.

Et d'abord, il faut le dire : — La révolution française n'avait rendu que plus actives les aventureuses expéditions des contrebandiers sur les frontières des Pyrénées ; José Muniz, peu de temps après son mariage avec Dominika, remplaça dans le commandement le vieil Andres Mutilla, condamné par des rhumatismes à rester désormais au bourg de Saint-Vincent ; et Dominika continua d'accompagner son époux comme autrefois elle suivait son père.

Au village, on parlait de temps en temps du muletier Antonio, dont l'émigration fit travailler l'imagination fertile des montagnards. Une vieille bohémienne avait affirmé qu'il reviendrait un jour avec des richesses considérables et qu'on le verrait se promener en habit bourgeois avec une canne à pomme d'or sur la place de l'Église. Ce riant tableau tranquillisait fort José Muniz et sa famille.

Lorsque la guerre se déclara, le bourg de Saint-Vincent prit parti pour l'Espagne contre la France; les contrebandiers se transformèrent en autant de terribles guerillas qui, sans se faire faute de pillage, servirent d'auxiliaires au général Ricardos contre le vieux Dagobert dont les troupes furent refoulées sur Perpignan.

En 1816, Antonio était vieux, il avait soixante-un ans, et jouait dans le bourg, à peu près le même personnage qu'Andres Mutilla en 1790.

L'aventureux contrebandier, qui avait servi tour à tour les coalisés contre les révolutionnaires, les Français contre les Prussiens, les Bleus contre les Blancs, et les Blancs contre les Bleus, et puis qui s'était fait corsaire pour battre les Anglais sous Matthieu Piment, se battit enfin pour les Espagnols contre les Français; il conservait toujours religieusement le souvenir du capitaine d'Amblemont. Antonio avait rapporté de ses courses maritimes une somme considérable qui lui permit d'accomplir en tous points la prédiction de la bohémienne. — *Il se promenait sur la place de l'Église en habit bourgeois, avec une canne à pomme d'or.* — Ses aventures contribuèrent à augmenter le penchant des Basques pour l'émigration; mais pour sa part il était décidé à ne plus bouger : il habitait chez son frère José avec la belle Dominika, sa belle sœur, contemporaine de Mélite et de Francésa. On a peine à se figurer la joie de la Basquaise, lorsqu'on lui dit qu'une jeune femme de la famille avait reçu son nom.

Sous les yeux des voyageurs se reproduisirent des tableaux chers à leurs souvenirs : Mêmes danses, mêmes chansons, mêmes drames avec costumes grotesques.

Il fut bien convenu qu'à l'avenir on ne se perdrait plus de vue, qu'on s'écrirait de temps en temps, et surtout que les jeunes gens de la famille, en faisant leurs caravanes, viendraient demander l'hospitalité aux montagnards des Pyrénées.

Lorsqu'il fallut enfin se quitter, Antonio escorta son ami Alain jusqu'à Pau, d'où la famille se rendit directement à Bischoven.

Là les maux de la guerre étaient réparés, là le nom d'Ermel était encore en vénération. Ermel avait laissé à Géranium une recommandation qui fut d'autant plus utile aux Winterhalfen que Géranium en laissa d'autres ; si bien que, de proche en proche, les apparitions continuelles des armées du Rhin ne furent jamais funestes aux honnêtes Allemands.

Grétha vivait heureuse avec Jérôme Treillard, qui fit les honneurs de son chez soi en naturel du crû, quoiqu'il fût natif de la Basse-Normandie ; Marien et Rauschen étaient mariées, mères et même grands-mères.

Au départ, la famille Allemande combla ses hôtes de bénédictions, et les chargea de mille présents en échange des cadeaux qu'Ermel et Montreuil n'avaient pas manqué de faire. Le nom de Grétha devait être donné à la première fille qui naîtrait au château de Montreuil, à Rosven ou à Kerbozec ; enfin personne ne fut oublié ; Ermel promit d'aller voir à l'hôtel des Invalides les trois grognards d'Austerlitz et de Wagram, que la famille allemande avait plusieurs fois vus passer à Bischoven durant l'ère impériale. De petits meubles à l'usage des grenadiers, des pipes, des briquets, des épinglettes, furent remises à Ermel par les excellentes Allemandes.

Huit jours après, un cabinet particulier du Palais-Royal réunissait le plus singulier personnel qu'on y eût vu de mémoire de garçon-restaurateur.

Trois invalides en grande tenue d'une part, de l'autre le comte de Montreuil et le chevalier de La Faugerais avec leurs femmes et leurs jeunes enfants, s'asseyaient autour d'une table. Une place restait inoccupée entre Géranium et l'Enflammé, elle était destinée à Alain.

Digne fils de Pierre Gavésio, l'ancien voltigeur d'Artois fit quelques difficultés pour l'occuper ; mais Ermel commanda militairement, Alain obéit et bientôt il se trouva fort à son aise, car Géranium avait pris la parole.

Le sergent d'invalides, au nom de ses camarades, remercia les deux anciens lieutenants de l'honneur qu'ils leur faisaient.

— C'est bien ! c'est très-bien à vous ! poursuivit-il. Je leur avais toujours dit à ces sans-culottes d'autrefois que la liberté, l'égalité, la raison et toutes leurs belles histoires, il ne fallait pas les chercher ailleurs que chez les honnêtes gens !.. On a bien vu en Vendée que les derniers paysans avaient des grades, pendant que les nobles et les gentilshommes comme vous portaient le fusil.

— Géranium tu parles bien, dit Alain.

— Ce n'est pas, comme dit l'autre, que je n'aie pas de regret de mon Empereur.... Nous étions au 18 brumaire, dam !

— Une journée compromettante, fit l'Enflammé.

On parla des bords du Rhin, d'Antonio, du fameux sergent Bayonne, de Piment, d'Arrache-Tout. Les pipes et briquets de la famille Winterhalfen furent reçus avec une vive reconnaissance par les grenadiers.

On passa en revue tous les acteurs du drame de Rosven.

Enfin Géranium, à propos d'une des campagnes de l'Empire, s'écria :

— Et un autre, dont nous ne disions rien, faut que j'en parle !... Je l'ai revu, moi, le colonel La Patrie.

— Géranium ! Géraninm! s'écria l'Enflammé, tu as déjà trop blagué avec ton Empereur, c'est compromettant, mais surtout fais attention... Ah! le garçon est sorti

Bec-de-Perdrix ajouta :

—Mes lieutenants, sans vous commander, il vaut autant, comme dit l'Enflammé, que les garçons n'entendent pas l'histoire de notre ancien colonel.

— Bien ! répondirent à la fois Ermel et Montreuil.

— Donc ! si l'ami l'Enflammé n'y trouve plus rien à réclamer, reprit Géranium, c'était la veille d'Austerlitz, nous étions en ce temps-là dans la garde de l'Autre, le petit Caporal, s'entend. Je vois passer un capitaine d'état-major à cheval... « Tiens ! tiens ! tiens ! dis-je, je connais cette balle-là. » — Bec-de-Perdrix, ici présent, répond : — « C'est notre ancien colonel de la Meuse. » C'était lui ! L'ami l'Enflammé recommença d'avoir la colique. — L'ancien colonel passa au galop sur le front du bataillon, remit son ordonnance, et retourna au quartier général. — « Le brigand! que je me disais en moi-même, aura encore une fois changé de nom. L'Enflammé avait une de ses venettes. Moi, j'ai toujours eu du goût pour savoir le fin du fin, je vas au quartier général le lendemain; il y avait là un cuirassier de la vieille, un malin, je le reluque, je lui dis : — « Connais-tu un capitaine d'état-major comme ci et comme ça ? » — « Tiens, dit-il, si je le connais ! il était lieutenant aux cuirassiers le mois passé. » — « Comment l'appelles-tu ? » — « Le capitaine des Vignes. » — « Bon! » Une fois que je connus le nouveau nom du *Si-Signor*, le reste n'était plus malin. Paraîtrait que mon colonel, après son coup à Vannes, alla se rengager simple dragon à Paris — Ce n'était pas un fils de Mars, non, mais il était brave, je l'ai toujours dit, et il avait son éducation ; il passe officier au 1er cuirassiers, et ensuite dans l'état-major. — A Wagram, l'Enflammé eut encore une autre venette, le fameux chevalier du Genet était redevenu colonel, il passe devant la tente de S. M. l'Empereur Napoléon, où pour lors l'Enflammé était de faction. Son fusil manqua lui tomber des mains quand il présenta les armes. — Il est général à cette heure, avec des croix de toutes les couleurs. Et l'Empereur, oui Messieurs, l'Empereur l'a fait baron. — Quand le Roi est revenu, notre baron a fait demi-tour tout le premier : un sans-cœur..... voyez-vous. — Il est pour le présent au ministère de la guerre, où il fait la pluie et le beau temps.

Le garçon restaurateur entra.

— Pchtt ! fit l'Enflammé

Géranium haussa les épaules.

— Si vous avez un fils, un neveu, n'importe, au service, méfiez-vous de lui, voilà le sentiment de Géranium.

Le sergent d'invalides venait d'expliquer sans s'en douter pourquoi Jean de La Faugerais et ses frères étaient en défaveur. Un pouvoir occulte les persécutait. Le nom de La Faugerais était odieux, et pour cause, à M. le baron des Vignes lieutenant-général attaché au personnel de la guerre.

L'Enflammé trouvait la conversation singulièrement compromettante ; dès qu'elle changea, il fut content. On but à la santé des Winterhalfen, des Muniz y Bayen et de tous les La Faugerais.

On but à la mémoire du brave et généreux Matthieu Piment.

Enfin on se sépara, et bientôt après la famille reprit la

route de Bretagne, où les épisodes de ce tour de France, avec une pointe sur les deux frontières des Pyrénées et du Rhin devaient mille fois faire les délices de la veillée.

En 1825, le lieutenant-général baron des Vignes, fut reconnu par un vieil émigré qui avait servi dans le régiment de Turenne ; il nia qu'il fût le chevalier du Genet, reçut un démenti, donna un soufflet et mourut en duel à l'âge de soixante-quatre ans.

Le mois suivant, Jean de La Faugerais fut nommé chef d'escadrons.

FIN.

TABLE DES CHAPITRES

LE MANOIR DE ROSVEN.

I.	— Les Conjurés.................................	4
II.	— Hauts faits du citoyen Famine.............	11
III.	— Les Gavesto..................................	17
IV.	— Le Manoir et la Paroisse..................	25
V.	— L'Agonie du Conspirateur..................	37
VI.	— Le Fantôme de la Chambrée................	49
VII.	— Piment-t-Homme.............................	65
VIII.	— Avant les combats.........................	79
IX.	— Les trois attaques........................	101
X.	— Le Sergent Bayonne........................	125
XI.	— Tout autour du Manoir.....................	133
XII.	— Intérieur de Rosven.......................	141
XIII.	— Incendie...................................	151
XIV.	— Le Recteur de Saint-Ermel.................	160
XV.	— Les Tombereaux.............................	173
XVI.	— La Croix des Bleus........................	185
XVII.	— Le colonel La Patrie......................	197
XVIII.	— Le Génie de l'Armorique...................	211
XIX.	— Vente à l'amiable.........................	224
XX.	— La Gentilhommière de Kerbozec.............	227
	Conclusion	233
I.	— Retour en jupons...........................	233
II.	— Récits.....................................	243
III.	— Fin de l'histoire de Matthieu Piment......	255
	Épilogue....................................	267

FIN.

LILLE. IMP L. DANEL.

www.ingramcontent.com/pod-product-compliance
Lightning Source LLC
Chambersburg PA
CBHW070754170426
43200CB00007B/770